全国特种设备作业人员安全技术培训教材配套复审教材

场(厂)内专用
机动车辆作业人员
复审教材

《全国特种设备作业人员安全技术培训
教材配套复审教材》编委会

气象出版社
China Meteorological Press

内容简介

本书结合最新的《场（厂）内专用机动车辆作业人员考核大纲（试行）》和《中华人民共和国特种设备法》等法律法规文件，以现有各地教材为参考，广泛吸取培训复审工作中的经验，突出"安全"为主线和复审工作的特点，着重介绍了场（厂）内专用机动车辆作业人员复审中所必须掌握的新知识、新技术、新装置等安全技术知识，包括场内运输、驾驶、车辆、道路基本知识，车辆安全、企业内道路安全要求，安全技术操作规程，车辆防火防爆安全，车辆正确使用、维护保养与事故预防等。书末配有典型事故案例及防范措施，并在每章后配备与重点内容相关的习题。

图书在版编目（CIP）数据

场（厂）内专用机动车辆作业人员复审教材/《全国特种设备作业人员安全技术培训教材配套复审教材》编委会编著. —北京：气象出版社，2014.6
全国特种设备作业人员安全技术培训教材配套复审教材
ISBN 978-7-5029-5949-4

Ⅰ.①场…　Ⅱ.①全…　Ⅲ.①机动车-驾驶员-安全技术-技术培训-教材　Ⅳ.①U471.3

中国版本图书馆 CIP 数据核字（2014）第 115434 号

出版发行：气象出版社
地　　址：北京市海淀区中关村南大街 46 号　　**邮政编码**：100081
总 编 室：010-68407112　　　　　　　　　　　**发 行 部**：010-68406961，68407948
网　　址：http://www.cmp.cma.gov.cn　　　　　**E-mail**：qxcbs@cma.gov.cn
责任编辑：张盼娟　　　　　　　　　　　　　　**终　审**：章澄昌
封面设计：燕　彤　　　　　　　　　　　　　　**责任技编**：吴庭芳
印　　刷：北京奥鑫印刷厂
开　　本：850 mm×1168 mm　1/32　　　　　　**印　张**：6.5
字　　数：169 千字
版　　次：2014 年 6 月第 1 版　　　　　　　　**印　次**：2014 年 6 月第 1 次印刷
定　　价：18.00 元

前　言

特种设备作业容易发生伤亡事故,对操作者本人、他人及周围设施、设备和环境的安全造成重大危害。

为了加强特种设备作业人员监督管理工作,规范作业人员考核发证程序,保障特种设备安全运行,根据《中华人民共和国行政许可法》、《特种设备安全监察条例》和《国务院对确需保留的行政审批项目设定行政许可的决定》,国家质量监督检验检疫总局于2005年颁布了《特种设备作业人员监督管理办法》(以下简称《办法》),并于2011年进行修订,已于2011年7月1日起施行。

《办法》规定,特种设备作业人员指锅炉、压力容器(含气瓶)、压力管道、电梯、起重机械、客运索道、大型游乐设施、场(厂)内专用机动车辆等特种设备的作业人员及其相关管理人员,必须经考核合格取得《特种设备作业人员证》,方可从事相应的作业或者管理工作,《特种设备作业人员证》每4年复审一次。特种设备作业人员必须参加安全教育和培训,具备必要的特种设备安全作业知识、作业技能,并且要及时进行知识更新。

为了进一步贯彻落实《特种设备作业人员监督管理办法》,加强特种设备作业人员的安全技术培训和知识更新工作的开展,定期对其进行复审是非常必要的。为此,气象出版社组织专家编写了《全国特种设备作业人员安全技术培训教材配套复审教材》丛书。本套丛书根据气象出版社出版的《全国特种作业人员安全技术培训考核统编教材》丛书中的特种设备品种修订改编而成,与原版教材既有一定的衔接性，又有一定的独立性；既保留了原版教材的经典内容，又增补了相关的最新知识。

本套教材的编写以国家相关部门现有考核大纲、标准为依据，以现有各地教材为参考，广泛吸取培训复审工作中的经验，突出"安全"为主线和复审工作的特点，着重介绍了特种作业人员复审中所必须掌握的新技术、新工艺、新设备等安全技术知识，书末有典型的事故案例分析，便于加强警示；每章配以适量的复习题，便于学员的复习和相关知识的掌握。整套教材集科学性、先进性、实用性于一体，力求高质量、高品位。

本套教材包括《办法》中规定的特种设备作业品种，基于多次修订、编审和改版而成，由曲世惠、刘衍胜、孟广华、甘心孟、范士伟、邵本德、王宗振、董常军、张双文、崔绍源、李胜利、潘继才等同志主编。本套教材在编写过程中，得到了广东、甘肃、陕西、青海、内蒙古、福建、广西、新疆、西安、广州、包头、柳州、青岛、济南、烟台、威海、淄博、潍坊、聊城、济宁、泰安、德州等省（区）市安全监督、质量技术监督部门、劳动保护教育中心的大力支持，在此，谨对上述单位表示感谢。

本书原版教材由李平、刘衍胜同志主编，参加编写的还有薛永奎、丁学德、管洪星、郑大力、杨进山等。本书新版工作由刘占杰、范新建等同志完成，在编写和修订过程中，先后得到了中国机械工业安全卫生协会、新兴际华集团有限公司、上海柴油机股份有限公司、安徽合力股份有限公司、太原重型集团公司、上海安科企业管理有限公司、兰州通用机电技术研究所、武汉钢铁公司、齐重数控装备股份有限公司、厦门ABB开关有限公司、斗山工程机械（中国）有限公司、石家庄强大泵业股份有限公司等单位的大力支持，在此表示衷心感谢。由于水平所限，疏漏之处在所难免，敬请读者不吝指正。

编者

2013 年 12 月 28 日

目　录

第一章 绪 论

　　企业在生产制造过程中,原料、产品离不开运输,场(厂)内的专用机动车辆作业是企业生产经营活动中不可缺少的一个重要组成部分。实现场(厂)内专用机动车辆作业安全是保障和维护正常生产秩序的重要环节,因此要求场(厂)内专用机动车辆作业人员必须掌握操作技能,不断增强安全驾驶意识,进一步提高自身安全生产素质,严格遵守安全操作规程,从而保证企业内专用机动车辆的作业安全。

第一节 厂内运输基本知识

　　工厂企业生产运输现场,是一个动态、复杂、多变的系统,是人、车、物流动态交汇的场所。在这个区域内,它们之间相互依赖、互为作用、相互联系,如其中之一失控,对整个系统将产生影响,往往会造成事故与损失。因此,必须严格控制处理好人、车、路、物流在运动过程中产生的矛盾与问题,以期达到避免事故发生、保障厂内运输安全的目的。

一、厂内运输的概念

　　在工业生产过程中,需要将各种原材料、中间体、产品以及副产品和废弃物,由前一工序运往后一工序,或由一个车间运往另一个车间,或运往储存地点,这些物料的运输、装卸、堆垛等项作业,形成厂内运输。用机动车辆完成的这个运输过程即称为厂内机动车辆运输。

二、厂内运输过程

按照生产经营需要，厂内运输可分为七个过程：

（1）原材料进入厂区进行卸车；

（2）将原材料搬运入库或堆放到专用场地；

（3）将原材料由仓库或堆放场地运到车间或生产作业班组；

（4）车间内部班组、工序间的转运；

（5）车间与车间之间的运送；

（6）从车间将成品运送到库房；

（7）从成品库房将产品发运出厂。

有些工厂因基建任务的需要，对原材料、砖瓦、备品、备件等物资的运输，也属于厂内运输。

据有关部门统计，一般的机械工厂，每生产 1 t 产品，通常要装卸 60 t 以上的物料。因此，在厂内运输作业中，掌握各种运输机械的性能和原理，以发挥它们的最大效能并保障生产的安全，是十分重要的。

三、厂内运输的主要方式

在现代化企业中，厂内物料运输过程是借助于各种输送机械设备实现的。由于运输的物料形态不同（块状、粉状、液态、气态等），所采用的输送设备也各异。物料运输的方式可分为如下几种。

1. 连续运输

采用各种类型的连续输送机（如悬挂输送机、带式输送机、板式输送机、振动输送机、气力输送装置等），其特点是运输量较大，能在水平、倾斜及垂直方向输送物料；在输送过程中能完成某些加工工艺过程；在空间运输又能起到仓库贮放作用。连续运输线路一般是固定的，占用厂房生产面积较小。缺点是基本建设投资较大，只适用于变化不大的物料运输。

2. 船舶运输

多用于厂外运输,也可作为沿江(海)大型工厂的厂内运输。船的载重量大,运费低,码头设施的维修费用少,但建设码头投资大。

3. 铁路运输

这种方式装载量较大,可以与铁路干线连接。缺点是线路的曲率半径大,占地多,分岔和坡度等技术要求高,投资大。一般年运输量超过 10 万 t 时(双方向)都可以采用铁路运输。运输量虽不符合上述要求,但接轨条件较好,线路较短,占地不多或有大件、重件物料不便用其他方法运输时,也可采用铁路运输。

4. 车辆(属厂内车辆)运输

包括汽车、叉车、拖拉机、电瓶车、手推车等。这类车辆机动灵活,载重量可大可小,对地形要求不高,基建投资少,使用方便,在厂内运输中占有重要地位。

四、物流

物流,是指物品从供应地向接受地的实体流动,是根据实际需要,将运输、储存、装卸、搬运、仓装、流通加工、配送、信息处理等基本功能实施有机结合。

从生产企业角度来说,可将物流分为:企业内部物流,即生产领域的物流;企业外部物流,即流通领域的物流。企业内部物流又可分为采购物流、生产物流和销售物流。企业把原材料、外购件、外协件,通过采购、运输、验收入库;仓库管理人员按照生产作业计划、物资消耗定额以及领料单,向生产现场发料,就构成采购物流系统。物料一旦进入生产过程即成为在制品,它按照产品生产工艺的要求,经过各个生产环节,各道工序的加工及顺序搬运,由半成品变为制成品,再经过包装进入成品库,这就构成生产物流(即生产现场的物流)系统。根据用户订单配送成品,验货装车,运出厂外,就构成销售物流系统。

生产现场物流（简称现场物流）是企业内部物流的核心环节，它伴随着生产过程的加工、检验、搬运、储存保管、装卸、包装等活动而进行。现场物流是原材料、在制品、工具、转运设备等物质实体在生产现场空间与时间上的动态变化，如果不加强控制管理，容易造成生产现场混乱，导致伤亡事故的发生。现场物流管理就是指物料流程的流向、流量、流速以及搬运方式、运输工具、工位器具、收发储存、信息沟通、计划编制、控制监督等方面的工作。

五、厂内运输状况与对策

随着企业生产的发展，生产所需要的原料、材料、设备以及工具等供应量和生产成品的运输量也随之不断增加，这就迫切需要大量的现代化搬运设备，以满足生产的需要。目前，各企业内部都不同程度地配备、使用了各种机动车辆搬运设备，这些设备不仅大大降低了职工的体力劳动强度，而且在加速生产发展、完成各项生产任务、保证安全生产中发挥了重要作用。许多经济发达国家的大型企业，十分重视物料搬运在经济效益方面的作用，他们设计并制造了许多适合各种工况的装卸搬运机械设备，在很大程度上解决了企业中的装卸搬运问题。合理的装备和运用搬运设备，已成为企业在实践和理论方面的一项重大的技术经济课题。

由于厂内机动车辆在企业生产环节中起着越来越重要的作用，因此厂内机动车辆的拥有量也在逐年增加。据我国部分大城市统计，厂内机动车辆的拥有量都在万台以上，而且随着生产的进一步发展还有逐年递增的趋势，然而有些设备存在着设备老化、技术落后的问题，再加上目前有关企业内运输安全的法规制度不够健全，企业内运输安全管理工作没有摆上位，因而得不到应有的重视。具体表现在以下几个方面。

（1）安全管理混乱，有违章作业、违章指挥等情况。通过分析机械、化工、交通、纺织等十几个作业的伤亡事故，发现其中 98.53% 是可以避免的责任事故,而且这些责任事故中的78.6%是由于领导违章指挥、工人违章作业造成的。

(2)企业职工新老交替、劳动制度的改革使合同工和轮换工大量增加,而职工安全教育和技术培训却跟不上,尤其是厂内机动车辆驾驶员缺乏安全技术培训,以干代学和不经考核就驾驶车辆的现象普遍存在。因此,有相当数量的厂内机动车辆驾驶员不懂安全驾驶技术,安全技术素质较差,在相当数量的个体、私营企业内,情况尤为突出。

(3)我国工厂企业内机动车辆技术装备比较落后,且缺乏正常的车辆维护保养和车辆审核制度;缺乏统一完善的厂内机动车辆驾驶安全规程;有的工厂企业对安全技术规程的贯彻执行还存在着写在纸上、挂在墙上、喊在嘴上的现象。另外,厂内道路的设计不合理,使车辆的安全运行存在隐患,也是影响运输安全的一个因素。

厂内运输是工业企业中普遍采用的一种运输方式,随着厂内机动车辆数量的增多,车辆伤害事故也频繁发生,为保证厂内运输安全,应做到以下几点。

(1)车辆必须由持有安全生产监督管理部门核发的特种作业操作证的驾驶员驾驶,驾驶员应不断学习,提高驾驶技术,以保证安全行驶。各单位应经常对驾驶员进行安全教育,以提高驾驶员的安全素质。

(2)车辆经常保持良好的技术状况,是保证厂内安全运输的重要技术措施之一。为此,应选用专业生产厂家的定型产品。在使用过程中应定期进行维护,发现故障时,应立即停止运行,不开带病车。

(3)厂内道路的好坏也直接影响厂内运输的安全质量。在厂内道路交叉口处,为保证行车安全,应有足够的会车视距(即汽车在弯道口,驾驶员可以清楚地看到弯道口另一侧的情况),在视距范围内不应有建筑物或树木等遮挡物。当道路与铁路平交时,交叉口应尽量设置在瞭望良好的地点。厂内道路还应保持平坦、坚实良好,并不得堆放杂物,影响车辆行驶。道路上还应按有关规定设置交通安全信号标志。

（4）企业内应设立专门的车辆管理部门，加强对厂内机动车辆的安全管理，负责组织对驾驶员的安全教育，检查安全行车情况，制定安全操作规程和奖惩制度，对车辆应建立技术档案，定期进行检查，消除事故隐患，使车辆处于良好状态。

（5）管理人员应随时掌握车辆的技术状况，制定维修计划并按期落实，企业领导应在资金上给予保证。企业的有关部门还应根据各自的作业特点，合理布置厂内机动车辆的工艺流程，使车辆的行驶路线处在最合理的路线上，即运输距离最短，行驶路线上人流少，道路平坦等。这样就可以减少或控制危害。

总之，不断提高驾驶员的安全技术素质，经常保持车辆的良好技术状况，对厂内运输安全加强管理，是厂内安全运输的基本保障。

第二节　场（厂）内专用机动车辆作业人员基本要求

企业应按照国家标准、法规和地区的有关规定，对厂内机动车辆驾驶员进行培训、考核、复审、日常管理等工作。几十年的管理实践证明，整体系统地对专用机动车辆作业人员进行监督管理，直接关系着安全生产。厂内机动车辆是一种现代化的交通工具，它具有速度快、技术性强、操作起来手脚同时并用的特点，因此，对场（厂）内专用机动车辆作业人员必须严格要求。

一、场（厂）内专用机动车辆作业人员的类别

《特种设备作业人员作业种类与项目》规定的场（厂）内专用机动车辆（简称"场车"）作业人员包括以下人员：

（1）场车安全管理人员，是指从事场车安全管理工作的专职或者兼职人员。

(2)场车维修人员,是指从事场车车辆维修的人员。

(3)场车司机(简称"司机"或"驾驶员"),是指从事场车驾驶、操纵的人员,分为叉车司机、搬运车牵引车推顶车司机,内燃观光车司机、蓄电池观光车司机。其中,取得内燃观光车司机项目作业人员证的,可以驾驶蓄电池观光车。

二、场车安全管理人员应当具备的基本条件

(1)年龄 18 周岁以上(含 18 周岁)、60 周岁以下(含 60 周岁,首次取证时);

(2)具有高中以上(含高中)学历,并且经过专业培训,具有场车安全技术和管理知识;

(3)身体健康,无妨碍从事本工作的疾病和生理缺陷;

(4)具有 2 年以上(含 2 年)场车相关工作或者安全管理工作的经历。

三、场车维修人员、司机应当具备的基本条件

(1)年龄 18 周岁以上(含 18 周岁)、60 周岁以下(含 60 周岁,取证或者换证时);

(2)身体健康,无妨碍从事本工作的疾病和生理缺陷;

(3)具有初中以上(含初中)学历;

(4)具有符合要求的操作技能方面的安全技术培训经历;

(5)具有场车安全技术理论知识和实际操作技能。

四、场车维修人员、司机应具备的操作技能方面安全技术培训经历的条件

(1)申请取得相应项目《特种设备作业人员证》的维修人员,应当在已经持有相应项目《特种设备作业人员证》2 年以上(含 2 年)的维修人员指导下,进行 3 个月以上(含 3 个月)的操作技能学习并经其

签字确认；或者经过专业培训机构 64 学时以上（含 64 学时）培训并取得证明；

（2）申请取得相应项目《特种设备作业人员证》的叉车司机，应当在已经持有相应项目《特种设备作业人员证》2 年以上（含 2 年）的叉车司机指导下，进行 1 个月以上（含 1 个月）的操作技能学习并经其签字确认；或者经过专业培训机构 64 学时以上（含 64 学时）培训并取得证明；

（3）申请取得相应项目《特种设备作业人员证》的搬运车、牵引车、推顶车司机，应当在已经持有相应项目《特种设备作业人员证》2 年以上（含 2 年）的搬运车、牵引车、推顶车司机指导下，进行 1 个月以上（含 1 个月）的驾驶技能学习并经其签字确认；或者持有车型为 B2 以上（含 B2）的《中华人民共和国机动车驾驶证》；或者经过专业培训机构 64 学时以上（含 64 学时）培训并取得证明；

（4）申请取得相应项目《特种设备作业人员证》的内燃观光车司机、蓄电池观光车司机，应当在已经持有相应项目《特种设备作业人员证》2 年以上（含 2 年）的相应司机指导下，进行 3 个月以上（含 3 个月）的驾驶技能学习并经其签字确认；或者持有车型为 B1 以上（含 B1）的《中华人民共和国机动车驾驶证》；或者经过专业培训机构 64 学时以上（含 64 学时）培训并取得证明。

五、驾驶员情况的综合分析

驾驶员要保证作业安全，可用三句话来概括：一是安全思想意识高，热爱本职工作，法制观念强；二是安全技术素质好，安全驾驶技术熟练；三是身体健康（符合车辆驾驶要求），反应敏捷。

驾驶员通过眼、耳等器官向大脑传递信息，经过思考做出决定，并由运动器官来完成操作过程。在全部处理过程中，驾驶员通过视觉、听觉和触觉三个方面来操纵控制车辆。驾驶员在接受外界交通信息后，往往由于没有在时间、空间和速度上留有充分余地而造成错误操作,以致发生事故。多数情况下,错误操作是由人的不安全行为和物的不安全状态造成的,概括起来有人、车、路三个因素。而人(主要是驾驶员)是造成事故的主要因素。

下面着重从驾驶员安全行车的心理特点进行论述,以便使广大驾驶人员更能认识自身的职业特征,达到厂内机动车辆驾驶要求,做到安全行车。

1. 反应特性

驾驶员操纵车辆的信息处理系统,确切地说是一种人、机处理系统。据研究,驾驶员从交通环境中得到的信息,80%以上是通过眼睛得到的。根据这些信息驾驶员对车辆进行操作。人在这个系统中对信息的处理分三个过程,即人用眼睛及其他感官获得信息的过程,大脑根据信息进行判断的过程以及根据判断结果进行处置的过程,这三个过程哪一个不正确都可能导致事故的发生。

人由眼睛等感觉器官获得信息,传入大脑,经过大脑处理后发生命令而产生动作,这一段时间称为反应时间。

制动反应时间是驾驶人员接受某种刺激后,脚从加速踏板移向制动踏板的过程所需要的时间。制动反应时间包括:①反射时间(从制动要求到开始动作的时间);②脚从加速踏板移到制动踏板的时间;③脚踏制动踏板到制动开始的时间。

一般来说,制动反应时间根据室内模拟实验为 0.6 s 左右,室外实际车辆运行中制动反应时间为 0.52~1.3 s。

2. 视觉特性

行驶中,驾驶员的视觉判断能力与车辆速度有关。一方面,车辆速度变化时,对于车外环境的判别能力也发生变化。视觉的判断能力在行驶中与静止时完全不同,车辆高速行驶时,驾驶人员因注视远方,因而视野变窄。另一方面,驾驶人员在驾驶中观察事物时,视线的焦点随着速度的增加而距离变远。实验证明,速度为 20 km/h

时，眼睛至焦点距离为 67 m；40 km/h 时，为 200 m；60 km/h 时，为 335 m……掌握以上这些特点，对安全行车是十分必要的。

（1）动视力。驾驶员在行驶中的视力称为动视力。动视力随车辆行驶速度的变化而变化。

动视力随车速提高而降低，一般来说动视力比静视力低 10%～20%，特殊情况下比静视力低 30%～40%。例如，以 60 km/h 速度行驶的车辆，驾驶员可看清离车 240 m 处的标志；可是速度提高到 80 km/h 时，则连 160 m 处的标志都看不清楚。动视力还与年龄有关，年龄愈大，动视力与静视力之差愈大。

（2）夜间视力。视力与环境亮度有关，明亮处容易看见，黑暗处不易看见。黄昏对于驾驶员来说，是视力最差的时刻。因为黄昏时分，光线较暗，打开的前灯与周围的光线相差不大，因此驾驶员不易发现周围的车辆和行人。另外，夜间视力与驾驶员的年龄有关，年龄愈大，夜间视力愈差。

（3）视野。驾驶员在驾驶车辆注视前方时，两眼能够看到的范围称为视野。头部和眼球固定时所能看到的范围称为静视野。如果头部固定不动而眼球可以自由转动，这时所能看到的范围称为动视野。两眼的视野左右可达 160°。

如果车辆在运动过程中，驾驶员是处于动的形态，这时驾驶员的视野与行车速度有着密切的联系。例如，汽车行驶速度为 40 km/h，注视点在车前 180 m 处，视野范围可达 90°～100°；当车速提高到 60 km/h，视野缩小到 75°。

此外，随着驾驶员年龄的增长，视野缩小，视物能力也下降，所以驾驶车辆时，要适当放慢速度，以弥补视野不足。

3. 车辆行驶中的知觉空间

驾驶员在行车中具有的特性与静止时不同。对行车中的驾驶员来说，周围的景物在不断"移动"，对象物愈接近，移动愈快，在一定距离内的对象物虽可确认，但一错过则无再看到的机会。对于道路、地形和其他运输工具的形状、大小、远近、方位等,以及包括行人的远近方位等都要随时准确掌握,以便正确处理行车中出现的情况。例如,在车中需要了解对面车辆的形状、大小;狭窄地段,两车能否相会通过;同方向行驶时,与前车的距离多远;超车时,控制跟车距离,掌握超越时机以及如何回正行驶序列等等,要通过多种感觉分析器官的协同活动才能得到正确的结论。

根据对人的生理特性研究,形状知觉主要靠视觉、触觉、听觉运动参与活动,远近的知觉要靠视觉、听觉运动参与活动。如两车相隔距离要靠眼睛判断,后方来车鸣号要靠听觉判断距离远近。可见,驾驶员正确发挥和运用各种感觉器官的作用,对安全行车是很重要的。

除此之外,驾驶员的空间知觉是在长期的实践中逐渐形成和精确起来的。有经验的驾驶员能够比较准确地判断出两车行车的远近、方位和距离,经验缺乏的驾驶员则经常会出现判断失误而导致事故发生。另外,恶劣的天气条件也会影响知觉的正常作用,如风、雨、雪、雾、阴天等,这都要靠长期的驾驶实践来预测、判断和处理。

4. 饮酒与驾驶

饮酒对驾驶机能的影响很大,车辆驾驶员酒后驾驶极易造成交通事故。据有关资料统计,每年因饮酒驾驶所造成的交通事故占总交通事故的 4% 以上,死亡事故占其中的 10%。可见酒后驾驶车辆造成不良后果的严重性。

(1)酒精对人体的影响。酒精对人体有麻醉作用,如果脑和其他神经组织内的酒精浓度增高,大脑中枢神经活动就会变得迟钝,而且可以蔓延到机体神经,这时人的判断能力发生障碍,手脚活动比较迟缓。在初期,因为中枢神经中毒,削弱了对运动神经的束缚能力,因而在人的生理上产生了轻松感,这时手脚的活动反而有些敏捷了,但思维能力和判断能力仍是迟钝的。酒精浓度与人体内的分布情况及身体各组织内所含水分的多少有关,饮酒后的大脑中枢神经兴奋,产生阻抑作用,严重者可以造成中毒死亡。驾驶员饮酒肇事,一般在酒后 30～60 min 内发生，约占事故的 60％。

（2）酒精对不同人的差别。饮酒后体内酒精浓度因每个人的饮酒习惯不同而有很大差别，酒量较大的人，饮酒后体内浓度在30 min 内达到顶点；而酒量中等程度的人，需要 60～90 min 达到顶点。酒量比较大的人，体内酒精浓度达到顶点的时间较短，消失得也快，体内留存酒精浓度低；酒量小的人，体内酒精浓度达到顶点的时间较长，消失得也慢，体内留存的酒精浓度较高。此外，饮酒后体内的酒精浓度与体重、性别也有一定的关系。饮同量的酒，体重越重浓度就越低，反之就越大。

（3）体内酒精浓度对驾驶机能的影响。体内酒精浓度比较大，对驾驶员的影响也大。据测定，体内酒精浓度在 0.3‰时，驾驶机能就开始下降，浓度在 1‰时下降 15％；浓度在 1.5‰时下降 30％。同时体内酒精也使驾驶员的注意力受到一定的影响，注意力分散而偏向一方。有资料介绍，驾驶员血液中酒精浓度在 0.3‰～0.9‰时，注意力分散程度增加到 7 倍；当浓度为 1.0‰～1.4‰时，增加到 31 倍；而酒精浓度在 1.5‰以上时，注意力分散程度可增加到 128 倍。由此可见，随着酒精浓度的增高对驾驶机能的影响越来越大，出现事故的比例也就越来越高。因此，驾驶员严禁酒后行车或在行车中间饮酒。

5. 驾驶疲劳

疲劳是由于体力或脑力劳动使人产生生理机能和心理机能失调而引起的。驾驶疲劳是指驾驶人员在驾驶车辆时由于各种原因产生了生理机能或心理机能的失调，从而使驾驶机能失调。

驾驶员作业的特点是长时间的精神高度集中，坐在一个固定位置上，动作受到一定的限制，忙于处理判断各种信息情况，精神格外紧张，因此，往往会出现驾驶疲劳。驾驶疲劳出现后，注意力容易分散，甚至打瞌睡，无法接收、处理外界信息，使驾驶动作失误或完全失去驾驶能力。可见驾驶疲劳是发生事故的一种潜在原因。

（1）产生疲劳的原因

①驾驶员生活上的原因：主要是睡眠不足或生活环境的影响。造成睡眠不足的原因很多，如连续工作过量，参加文体活动过度，家务劳动太多，课外学习时间太长，社会交际太广，以及生活波折等。生活环境不宁静不仅影响睡眠，而且直接干扰驾驶员的正常生活，是造成疲劳的重要因素。

②驾驶员生理和心理上的一些影响：主要是指身体条件（体力及其他）、经验条件（驾驶技术、熟练程度）、年龄条件（40 岁为界）、性别条件、有无疾病以及性格、气质等。

③驾驶员工作条件的影响：工作条件分车外和车内两个方面。车外条件主要指行车时间（白天、傍晚、夜间）、天气条件（雨、雪、雾）、道路情况（转弯、坡度）、安全设施条件情况等。其中影响较大的是道路情况。车内条件主要指车内温度（一般应控制在 15～17℃）、噪音、仪表设计、驾驶座位等。这些情况不好，会增加驾驶员的精神负担，产生驾驶疲劳。

④生物节律：生物节律又称生物钟。人的生物节律称为体力—情绪—智力节律。体力循环周期为 23 天，情绪循环周期为 28 天，智力循环周期为 33 天。当三种周期处于周期时限一半以上时，称为"高潮期"；处于周期时限一半以下时，称为"低潮期"；跨越两个周期的日子称为"临界期"。有关资料统计表明，机动车驾驶责任事故50%～70%是在"临界期"中发生的。

机动车驾驶员要测量出自己的体力—情绪—智力节律，找出"临界期"，当遇体力和情绪双重"临界期"时，可适当休息一下，最好不要驾车；当遇上体力、情绪和智力三重"临界期"时，应强制自己休息。

（2）防止驾驶疲劳的措施

防止驾驶疲劳的主要措施是保证驾驶员有充足、必要的睡眠时间。一般情况下应保证驾驶员每天有 8 h 的夜间睡眠，如只能白天睡眠则要比夜间睡眠延长时间，因为夜间睡眠效果比白天好。如果夜间睡眠 8 h 效果为 100%，那么白天睡 8 h 只有 71%。此外，断续的睡眠效果比相同总时间连续睡眠的效果差得多。一般驾驶员一天行车作业以不超过 10 h 为宜。

如果在车辆作业中发现疲劳及困倦现象，应采取一些措施。一是停车，做做体操或其他一些轻微活动；二是采取通风、洗脸、喝一些清凉饮料等办法以利于提神醒脑；三是在十分困倦的情况下，设法睡一会儿，等困倦过后再工作。

6. 事故心理

车辆事故的直接原因主要是驾驶人员观察、判断和操作方面所发生的错误。包括两个方面：一是思想麻痹大意、速度过快、车与车之间没有保持安全距离等，这是驾驶人员行为方面的错误；二是驾驶人员的身体、生理、精神和情绪等状态以及年龄、经验等在内的原因，如饮酒、疲劳等。

（1）观察错误。在驾驶车辆时，驾驶人员观察的作用十分重要。据有关研究分析，由于观察错误所引起的车辆事故占事故的 48.1%，其次是判断错误引起的占 36.0%，因操作错误所引起的占 7.9%，因打瞌睡所引起的占 0.9%，其他原因占 7.1%。

（2）判断错误。驾驶中的判断，是处理已观察到的信息和进行"意志"决定的过程。比如驾驶人员在行车中要调整自己的车与前面的车头间隔及速度，决定是否超车或会车等。但是，对于所出现的情况，驾驶人员所进行的判断往往与实际情况有出入，如驾驶人员判断的车头间隔往往比实际间隔小。

判断错误所引起的车辆事故，大都是因为驾驶人员自己主观危险感与实际的危险有差距。在判断过程中，由于驾驶人员的认识能力、知识水平和经验等（这些可以称为驾驶人员对于事故的预测体系）的不足，致使自己的动机与预期要求等不相符合，因而造成错误的判断。

（3）操作错误。主要是不能正确地踩制动踏板或加速踏板，或者是对方向盘转动过度或不够。一般来说,操作错误引起的车辆事故比观察和判断错误所引起的事故少得多。

六、厂内关于驾驶员的要求

1. 厂内机动车辆驾驶员的基本要求

(1)对从事厂内机动车辆驾驶的新工人和代培、实习人员,入厂时应进行安全教育,并经工厂企业车辆管理部门批准,在指定的教练员指导下,经专业技术培训,能较熟练地掌握基本的驾驶技术后,方准参加由地、市有关部门或其指定单位组织的安全技术培训和考核,经考核合格,取得驾驶证者,方可独立驾驶车辆。

(2)从事厂内机动车辆驾驶的人员必须年满 18 周岁以上(初学年龄不得超过 45 周岁),具有不低于初中文化程度和安全、专业技术知识及独立驾驶能力。凡身高不足 1.5 m,两眼视力在 0.7 以下(包括矫正视力)及患有色盲、耳聋、癫痫、精神病、高血压、心脏病、突发性昏厥等禁忌证者,不得从事驾驶工作。

(3)厂内机动车辆驾驶考核内容包括安全技术理论和实际操作两部分,均合格者,方能发给驾驶证。考核不合格者,可进行补考,补考仍不合格者,须重新培训、考核。

(4)厂内机动车辆驾驶员要保持相对稳定。凡取得驾驶证的驾驶人员,要定期参加复审。

(5)厂内机动车辆驾驶员在安全生产和预防事故方面做出显著成绩者,所在单位要给予奖励,并记入驾驶证。对违章作业造成事故者,所在单位的安全机构或有关安全部门,有权扣证 1~6 个月,并签证注明。对情节严重者,所在单位要给予行政处分,上级安全监察部门有权吊销驾驶证或给予经济处罚,情节特别严重者要追究刑事责任。

2. 厂内机动车辆驾驶员必须做到的要求

(1)持证操作。驾驶作业时,要随身携带特种作业操作证,以便有关部门随时检查。培训的实习人员，必须在师傅的带领下持学习证操作，并经过不少于 6 个月的培训实习期；无师傅带领时，不得单独开车；在熟练地掌握操作技术后，需经有关部门考试，合格后方可取得特种作业操作证。

（2）驾驶员必须认真学习并严格遵守厂内交通规则。

（3）驾驶员必须认真学习《工业企业厂内铁路、道路运输安全规程》、《厂内机动车辆安全管理规定》和本工种的安全操作规程。严格遵守厂内机动车辆驾驶的各项安全管理规章制度和各种有关的安全管理规定。

（4）驾驶员必须努力掌握车辆安全驾驶技术，熟悉车辆性能和厂区道路情况，掌握车辆的一般机械、电气知识，维护保养知识和排除故障的技能，认真按规定做好车辆的维护保养工作。

（5）严禁酒后开车。行车和加油时，不准吸烟、饮食和闲谈。驾驶室不准超额坐人，叉车、电瓶车严禁带人。

（6）车辆启动前，应检查制动、转向、喇叭、照明和液压系统等装置是否灵敏可靠，严禁带病出车。

（7）车辆起步时，要查看周围有无人员和障碍物，然后鸣号起步。行驶中如遇不良条件，应减速慢行。

（8）车辆严禁超载和无安全措施装载超长、超宽或越高货物。必须运输时，须经过厂调度、安全和运输主管部门同意，并采取相应的措施，制订切实可行的安全方案，方可进行。

（9）装载大件和易于滚动的货物时，应该用绳索捆紧、拴牢和垫死，以免发生行车转弯或急刹车时货物滚动、挤伤随车装卸人员或货物翻滚出车厢等事故。

（10）从事危险品运输、装卸的工人，应每季度进行一次安全教育，每两年进行一次培训考试；经考试合格，方准继续操作；并应严格遵守危险品运输的安全要求。

（11）车辆和停车库应备有消防器材，驾驶员应掌握一般的消防知识,能熟练使用常用的灭火器。

(12)厂内机动车辆驾驶员应按时参加复审,定期进行体格检查。如发现患有禁忌驾驶的症状,应调换工种。

七、场车作业人员的复审要求

1.复审的有关规定

(1)取得《特种作业操作证》的场车作业人员,应当在复审期届满3个月前,向发证部门提出复审申请,也可以将复审申请材料提交考试机构,由考试机构统一办理。每4年进行一次复审。对持证人员在4年内符合有关安全技术规范规定的不间断作业要求和安全、节能教育培训要求,且无违章操作或者管理等不良记录、未造成事故的,发证部门应当按照有关安全技术规范的规定准予复审合格,并在证书正本上加盖发证部门复审合格章。

(2)复审时,满足以下所有要求的为复审合格:①提交的复审申请资料真实齐全;②男性年龄不超过60周岁,女性年龄不超过55周岁;③在复审期限内中断所从事持证项目的作业时间不超过12个月;④没有造成事故的;⑤符合相应作业人员考核大纲规定条件的。

(3)在有效期内无违规、违法等不良记录,并且按时参加安全培训的持证人员,可以申请延长下次复审期限,延长的复审期限不得超过4年。

(4)复审不合格的持证人员应当重新参加考试。逾期未申请复审或重新考试不合格的,其《特种设备作业人员证》失效,由发证部门予以注销。

(5)驾驶员发生违章或责任事故,则受扣证处分;期限未满及违章肇事后未结案的不能复审,待处分期满或结案后方可办理复审。

2.复审的内容

(1)进行体格检查。经过两年的驾驶作业,由于年龄的增长或其他原因，驾驶人员的身体状况会发生变化，则要进行体格检查。如果驾驶员患了车辆驾驶禁忌证，如高血压、心脏病、精神病或外伤，影响了听力、视力等等，就会危及驾驶安全；那么通过复审，应调离其工作岗位。

（2）对事故责任者的处理。如果驾驶员由于违章或责任事故，受到了警告、罚款或扣证处理，那么在复审时，应该帮助其分析原因，吸取教训。对事故责任严重、认识不足或态度恶劣的，应视具体情况，确定其是否有继续从事机动车辆驾驶工作的资格。

（3）复试安全技术理论。学习是无止境的。巩固原来学到的本工种安全操作规程；深入学习安全技术理论、技术理论知识；补充新技术、新知识；提高安全思想、安全意识，可以防患于未然。所以，复试安全技术理论是必要的。

第三节　厂内专用机动车辆基本类型与参数

厂内专用机动车辆是指在厂矿企业区域内行驶或限于施工现场区域内行驶作业的各类机动车辆。

按照有关规定，厂内机动车辆由当地主管部门或企业交通安全管理部门核发车辆牌照和行驶证，进行年检。

随着科学技术水平的提高和工业生产发展的需要，我国的交通运输工具不断更新换代。目前，厂内使用的机动车辆的类型很多，有专业生产厂的定型产品，有专业改装厂的运输机械，还有工矿企业的自制车辆等。为配合厂内机动车辆驾驶员的培训、考核，方便厂内机动车辆的安全技术检验，加强车辆的科学管理，根据现行的国家（部门）标准和地方标准进行分类。

一、厂内机动车辆的分类

我国目前厂内运输车辆的种类很多，根据国家标准《厂矿企业内机动车辆驾驶员安全技术考核标准》GB 11342—89 规定,厂内机动车辆一共分为 10 大类。

(1)大型汽车:总重量大于 4500 kg 或总长度在 6 m 以上的汽车。

(2)小型汽车:总重量在 4500 kg(含)以下和总长度在 6 m(含)以下的汽车。

(3)大型方向盘式拖拉机:发动机功率为 14.7 kW(20 马力)(含)以上的方向盘式拖拉机。

(4)小型方向盘式拖拉机:发动机功率小于 14.7 kW 的方向盘式拖拉机。

(5)专用机械车:装有充气轮胎,可以在道路上自行行驶的专用机械车。主要包括内燃叉车、铲斗车(或称装载机)、简易翻斗车等车型。

(6)手扶拖拉机:用手把操纵转向的轮式拖拉机。

(7)手把式三轮机动车:用手把操纵转向的三轮机动车。

(8)履带车:履带式机动车。

(9)蓄电池车:以蓄电池为动力的机动车。主要包括蓄电池货车、蓄电池叉车等车型。

(10)用于厂内生产运输的其他机动车辆。

以上对于厂内机动车辆的分类,只是一个很概括性的基本分类,它主要包括了在厂内常用或比较常用的机动车辆种类,没有对各种车型过细划分。另外,根据"限于厂内行驶的机动车,不得用于载人"的规定,从我国厂内机动车辆技术状况较差的实际情况出发,上述厂内机动车分类中,没有包括各种客车、代客车等用于载人的车辆。

为了便于企业管理人员、工程技术人员、驾驶人员根据车辆用途选型购置、改装、自制车辆,根据生产工艺的需要调配车辆,以及根据车辆的特性、安全作业的情况,现将常见的厂内机动车辆以用途、特性再进行分类。

1. 叉车

叉车是一种能够自动装卸货物、具有起重特性的运输机械（车辆）。它适于厂内、货场、仓库、车站、码头等进行成件、成箱货物的装卸、码垛以及短途运输，还能够换装不同的工作属具如叉套、铲斗、吊杆，以扩大使用范围。

尽管叉车的种类、形式很多，但多为平衡重式叉车。

（1）内燃平衡重式叉车。以内燃机为动力的叉车具有功率大、运行速度快、装卸效率高、使用寿命长、对路面的适应性强以及能进行多种作业的优点。因此，内燃平衡重式叉车被广泛地应用于各工矿企业、车站、码头和仓库。

（2）蓄电池叉车。以蓄电池为动力的叉车具有结构简单、维修方便、操作容易、运行平稳、无废气污染、无噪声等优点，因此应用也比较广泛。蓄电池叉车的功率小、运行速度慢、外形尺寸小，适于车间内的搬运作业。蓄电池叉车对路面的适应性差，尤其电气系统多为非防爆结构，故不宜在易燃、易爆的场所作业，因而其使用范围受到限制。

（3）侧叉式叉车。侧叉式叉车以内燃机为动力，货叉布置在车体的侧面，适于长体货物（如圆木、钢筋、型材等）的搬运和码垛。这种叉车的货叉不仅能做升降运动，还可以横向伸缩，并且车体前后设置两个平台，以便稳妥地放置货物。因此这种叉车的稳定性较好。

（4）跨车。它是利用车体与车轮之间的空间夹抱或搬运诸如圆木、钢材等长体货物的车。跨车的特点是装卸动作快，甚至可以不停车装卸；缺点是空车行驶重心高，稳定性差。另外，由于跨车的起升高度较小，所以不能做堆垛作业。

（5）其他形式的叉车。随着科技水平的发展，近年来还出现了门架旋转式叉车、多级门架叉车、全液压传动叉车和自动控制叉车等新型结构的叉车。这些新型叉车的结构性能适应了工矿企业、物资仓储等生产发展的需要，扩大了叉车的使用范围，提高了物品搬运、装卸的效率。

2. 蓄电池搬运车

蓄电池搬运车适于厂区内、车站、仓库、码头等处的短距离运输。这种车不但能载重,还可用于牵引。由于整车结构紧凑,外形尺寸小,所以不论是固定平台(平板)式,还是箱式,更适用于通道狭窄的生产车间、仓库库房内的物品转运,且装卸方便,运行机动灵活。蓄电池车不产生废气污染,故适用于要求保持清洁的场所。同蓄电池叉车一样,蓄电池搬运车的底盘最低处离地间隙小,所以不宜在凸凹不平的路面上行驶。蓄电池搬运车的电动机等电气设备多为非防爆结构,故不宜在有易燃易爆等危险的场所作业。

3. 装载机

装载机适于沙砾、碎石、煤炭、炉渣、水泥、白灰、残土、垃圾、粮食等散积物的自装自卸。这种机械在从事短途搬运、散积物转堆的作业中,灵活方便,效率高。装载机给载重车装车,尤其与载重车队联合作业,可为运输车辆一台接一台地连续装车。此外,装载机还可以进行地面的刮平作业和牵引作业。

4. 前置式翻斗车

前置式翻斗车主要适于散积物的短途运输,如建筑施工砖、石、水泥、白灰、砂浆等的现场搬运;燃煤锅炉煤粉的运进和炉渣的运出;粮食谷物的转囤搬运等。前置式翻斗车机动灵活,短途搬运效率高。

5. 拖拉机

不论是方向盘式拖拉机,还是手扶式拖拉机,均由牵引的挂车装载进行物品运输。牵引的挂车有全挂车、半挂车两种,其承载量较大,运距较长,使用范围较广。

6. 挖掘机

目前使用的挖掘机主要有轮胎式和履带式两种,大多用于土方工程以及回填作业。如自来水、煤气、地下电缆等管线敷设的挖沟开槽和回填土；建筑工程地下基础的土方挖掘。使用挖掘机作业不但效率高，而且工程质量好。

7. 履带式推土机

履带式推土机主要用于土方工程的地面平整作业、推坑作业、回填作业、转堆作业，还可用于牵引作业。

8. 筑路机械

筑路机械，如压路机、平地机、推铺机等，主要用于道路的新筑、大修、中修、小修以及路面保养作业，是专用工程机械。

二、厂内机动车辆的主要参数

厂内机动车辆为了生产的需要，在设计结构上具有机动灵活、小巧等特点，如叉车、前置翻斗车、蓄电池车等。但这样的结构，存在着行驶稳定性不够理想的特点。如果操作不当，稳定性受破坏就会发生事故。如厂内叉车具有转弯半径小、轮距窄、载货后重心偏高等特点，所以，在驾驶时急转弯应提前减低车速，尽量放大转弯半径，以克服离心力影响。厂内车辆由于轴距短、载货后重心偏高，很容易失去纵向稳定性。如前置式翻斗车，超量装载行驶于凸凹不平路面或下陡坡，在车速快时易前倾覆。推土机在给坑、沟填土时，忽视土质疏松的不安全因素，为求多推进一步而前倾翻车。

可见，厂内车辆的操纵稳定性与车辆的有关参数有关，当然也与驾驶员的安全操作技能有关。

1. 车辆技术参数与安全使用关系

（1）空车质量（自重）。指完全装备好的车辆质量，以千克计。

（2）载质量。指车辆行驶时最大额定载物质量。载质量是车辆承载能力的标志，超载会造成车辆损坏，降低安全使用性能。

（3）总质量。空车质量与载质量之和。驾驶员应掌握车辆总质量,以正确判断是否能通过危险地段(如覆盖地沟、高坡边缘、松软地面、冰上通过等)和上下地中衡等。

(4)车辆外形尺寸。车辆长指垂直于车辆纵向对称平面两极端间的距离。车辆宽指平行于车辆纵向对称平面两极端间的距离。车辆高指车辆支承平面与车辆最高突出部位相抵靠的水平面之间的距离。前悬指车辆前轴中心至保险杠外侧之间的距离。后悬指车辆最后车轮轴线至车架末端的距离。驾驶员掌握车辆外形尺寸,便于安全进出车间、仓库等地。

(5)最小离地间隙。车辆满载时,车辆除车轮以外的最低点与地面之间的距离。驾驶员了解最小离地间隙,便于在遇路面障碍时判断是骑越通过还是绕行。

(6)轴距。指车辆前轴与后桥中心间距离。轴距短的车辆纵向稳定性差。厂内车辆多为轴距短的情况,行驶时应注意车速和掌握行驶方向。

(7)轮距。车辆同一桥上左右两侧两车轮之间的距离。双轮胎车辆时为两端两轮中心间距离。轮距窄的车辆横向稳定性差,厂内车辆轮距较窄,要正确操作保持车辆横向稳定性。

(8)接近角。水平面与切于前轮轮胎外缘(静载)的平面之间的最大夹角。

(9)离去角。水平面与切于车辆最后车轮轮胎外缘(静载)的平面之间的最大夹角。接近角和离去角表示车辆接近或离去地面障碍物时不发生碰撞的可能性,角度大碰撞的可能性小。厂内车辆的接近角与离去角均偏小,所以驾驶中应注意这一点。

(10)最小转弯半径。车辆转弯,方向盘至极限位置时,前外轮所滚动的轨迹半径。车辆转弯半径越小越好。厂内车辆转弯半径都比较小,所以其机动灵活性强,适于在通道狭窄的车间、仓库、货物中搬运作业。

(11)最大爬坡度。车辆在最大牵引力情况下所能通过的最大坡度。最大爬坡度越大越好。厂内车辆如叉车、蓄电池车等最大爬坡度较小，所以在纵向坡道上抵御上坡时的后倾翻车或下坡时的前倾翻车能力较差。因此，驾驶员应根据车辆的最大爬坡度正确处理爬坡相宜程度，以保证安全行驶。

（12）最高车速。车辆满载、无拖挂、变速器用最高挡在良好平路上所能达到的最大时速。

2. 汽车的主要技术参数

为了掌握汽车的使用性能，必须了解汽车的主要技术参数。下面以解放 CA15 型汽车为例来介绍。

（1）空车重量（自重）。指完全装备好以后的汽车重量，它除了发动机、底盘和车身的重量外，还包括按规定加注的燃料、润滑油、冷却水以及随车工具和备用车轮的重量。

（2）载重量。指汽车行驶时最大额定载重量。对载重汽车以吨计，对客车以座位或乘客数计。

（3）总重。汽车自重与载重量之和。

（4）汽车的外形尺寸。最长尺寸指汽车长度方向的二极端点间的距离（6855 mm）。最宽尺寸指汽车宽度方向的二极端点间的距离（2330 mm）。最高尺寸指汽车最高点与地面之间的距离（2310 mm）。前悬指汽车前轴中心至保险杠外侧之间的距离（875 mm）。后悬指汽车后桥中心至车架末端之间的距离（1515 mm）。

（5）最小离地间隙。汽车满载时，汽车最低点与地面之间的距离（前轴下为 325 mm，后桥下为 265 mm）。

（6）轴距。汽车前后轴中心间的距离（4175 mm）。

（7）轮距。汽车同一轴上左右两轮中心之间的距离。如系双轮胎汽车，则为同一轴一端两轮胎中心至另一端两轮胎中心间的距离（前轮为 1700 mm，后轮为 1740 mm）。

（8）接近角。汽车满载时从最前端的最低处对前轮所做的切线与道路平面构成的夹角称为接近角（40°）。

(9)离去角。汽车满载时从最后端的最低处对后轮所做的切线与道路平面构成的夹角称为离去角(20°)。

(10)最小转弯半径。汽车转弯时,当方向盘转到最大极限时,外侧前轮所滚过的轨迹半径,称为最小转弯半径(8.9 m)。

(11)最大爬坡度。汽车在最大牵引力下所能爬越坡度的能力。坡度是指坡道的垂直高度与坡道的水平长度的比值,通常用百分数表示。如解放 CA15 型汽车的最大爬坡度为 28%,即在 100 m 距离内,坡道终点比起点升高了 28 m。

(12)驱动形式。汽车的驱动形式用 2×1、2×2、3×3 等来表示,前一数字表示桥数,后一数字表示其中的驱动桥数,如:2×1 为单桥驱动的两桥汽车。也有用轮数和驱动轮数表示的,如 4×2、4×4、6×6 等,4×2 即表示四个车轮中有两个是驱动车轮。

(13)最大车速。指汽车在良好的平路上所能达到的瞬时最高行驶速度(80 km/h)。最高时速大可使车辆平均技术速度提高,有利运输效率,但是,厂内驾驶应视情况控制车速。根据《工业企业厂内铁路、道路运输安全规程》规定:厂内最高时速在保证安全、无限速标志的情况下每小时 30 km。厂内行驶不准超速。

3. 蓄电池叉车主要技术参数

蓄电池叉车车型小,转向灵活,操作简单,运行平稳,适用于装卸作业和堆置货物。以蓄电池组为动力来源,供给两个直流串激电动机分别驱动前桥和油泵,使叉车行驶、货叉升降、门架倾斜。

蓄电池叉车的载重量有 0.5 t、1 t、1.5 t、2 t 等。轮胎有充气轮胎和实心轮胎两种。

蓄电池叉车的调速系统一般分为接触器式电阻调速系统和可控硅脉冲无级调速系统两种形式。

由于蓄电池组不宜经受振动,所以蓄电池叉车车身最低点距地面距离较小。因此,不适宜在凹凸不平或路况不良的道路上行驶。又因没有防爆装置,所以,也不宜在有爆炸性气体的场所工作。

（1）DK1.5-2 型蓄电池叉车主要技术参数

①额定载重量（kg）：1500。

②载荷重心至货叉前壁距离（mm）：500。

③货叉最大起升高度（mm）：2000。

④货叉最大起升速度（m/min），空载时：12；满载时：8。

⑤最大行驶速度（km/h），空载时：13；满载时：11。

⑥门架向前倾斜角：3°。

⑦门架向后倾斜角：6°。

⑧最小转弯半径（mm），外侧：1850；内侧：200。

⑨转向时通道最小宽度（mm）：1850。

⑩满载时最大制动距离（m）：2。

⑪操纵方向盘的作用力（kg）：5。

⑫爬坡能力：3°。

⑬轴距（mm）：1200。

⑭轮距（mm），前轮距：850；后轮距：800。

⑮货叉尺寸（长×宽×厚）（mm）：960×130×40。

⑯叉车最大调整宽度（mm）：660。

⑰叉车最低点距地面距离（mm）：100。

⑱外形尺寸（包括货叉）（mm）：2962×1025×1740。

⑲叉车自重（kg）：2860。

⑳蓄电池组，型号：DG330；额定电压（V）：48；额定容量（A/h）：330；放电率（h）：5；数量（个）：24；单个电压（V）：2。

（2）2 t 平板蓄电池叉车主要技术参数

①载重量（kg）：2000。

②载荷面积（长×宽）（mm）：2000×1300。

③行驶速度（km/h），空载：12～20；满载：5～15。

④爬坡能力（满载）（%）：10～15。

⑤轴距（mm）：1500～1750。

⑥前轮距(mm):960~1100。

⑦后轮距(mm):1040~1150。

⑧最小转弯半径(外侧)(mm):3500~3700。

⑨最小转弯半径(内侧)(mm):1600~1700。

⑩转弯处过道的最小宽度(mm):2400~2600。

⑪最大制动距离(满载时)(m):2。

⑫直流电动机,功率(kW):2.5~3;转速(r/min):1250~1500。

⑬车体总重(kg):1200~1650。

⑭外型尺寸(长×宽×高)(mm),敞开座式:3030×1300×1170;驾驶楼座式:3350×1350×1700。

⑮轮胎型号:7~9。

⑯轮胎压力(kgf/cm²):6~8。

第四节　厂内道路基本知识

厂内道路是企业内安全运输及安全生产的重要组成部分。厂内道路网是指根据企业生产发展及安全运输的需要而出现的各种类型不同的厂内道路。随着企业的不断发展,生产者和厂内机动车辆的增加,企业内原有道路将不适应厂内机动车辆行驶和作业的需要。因此,一方面要改善企业原有道路,提高通行能力及作业环境;另一方面要重点开辟带有关键性的新路及作业场地。合理的道路网,能以最少的工程投资获得最大的经济效益;反之,会造成投资和基建用地的浪费。厂内道路网规模过小,不能适应企业安全生产和厂内安全运输的需要,会造成企业生产不便。企业厂内道路建设的好坏,除直接影响企业安全生产及厂内安全运输外,还反映企业面貌及企业性质和特点。

一、厂内道路的定义

厂内道路是指用于企业安全生产和发展需要的道路，一般说，整个厂内路面，机动车道，厂内机动车辆道，厂内非机动车道，厂内人行道，以及厂内道路安全标志、作为道路附属工程的绿化栽植等，都属厂内道路范围。

二、厂内道路的分类

企业与外界的车流量和人流量不同，企业生产性质、建筑物性质不同，车间与车间、车间与仓库、车间与堆场不同，因此，对企业内道路的要求也不同。为适应不同的要求，厂内道路应有主次之分。在划分厂内道路类别时，应根据厂内道路的作用、性质而定。根据有关规定，将厂内道路分为六类。

（1）主干道，指全厂性的主要道路，一般为主要出入道路。

（2）次干道，指厂内车间、仓库、堆场、码头之间的主要交通道路。

（3）辅助道路，指车辆和行人通过较少的道路（如专供通往厂外泵站、变电所等的道路）以及消防通道。

（4）车间外道，指车间、仓库等出入口与主次干道或辅助道路间连接的道路。

（5）车间内通道，指设备、工序之间半成品、成品的运输道路。

（6）人行道，指车间之间的人行道和人流量较大的主干道两侧的人行道。

三、厂内道路的基本安全要求

厂内的安全运输，要求道路的平面布置、宽度、路面、路层、坡度等适应厂内生产运输、防震、防尘及装卸搬运机械化和企业发展的需要。因此，厂内道路的设计应符合《厂矿道路设计规范》和《工业企业厂内铁路、道路运输安全规程》等的规定。

(1)路面宽度和纵截面斜坡(纵坡度)应满足表 1-1 的要求。

表 1-1　路面宽度和纵坡度表

道路分类			主要道路	次要道路	辅助道路	厂房引道
路面宽度 (m)	汽车	大型厂矿	7～9	6～7	3.5～6	与车间 大门宽度 相适应
		中型厂矿	6～8	3.5～6	3.5	
		小型厂矿	6	3.5	3	
最大纵 坡度(%)	汽车	平原地区	6	8～9	8～10	
		山区	8	8～9	8～10	
	蓄电池搬运车		4	4	4	

注:1. 计算车速为:汽车 15 km/h,蓄电池搬运车 8 km/h。

2. 经常运送易燃、易爆危险品专用道路最大纵坡度不得大于 6%。

道路的纵坡度通常用某坡度两点间高度差(垂直距离)与道路中心线的水平长度(水平距离)的百分比来表示。这个百分比数越大,坡路越陡;反之,坡路越缓。如图 1-1 所示,A、B 两点的水平距离为 130 m,高度为 5.2 m,其比值 5.2:130 即 4% 为其坡路的纵坡度。

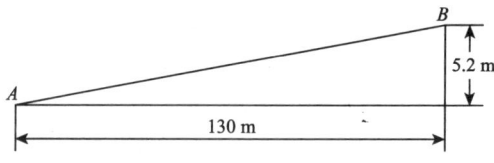

图 1-1　道路坡度

(2)企业内机动车辆最小转弯半径应满足表 1-2 的要求。

表 1-2　最小转弯半径

车辆类型	最小转弯半径(m)
40～60 t 平板车	15～18
15～25 t 平板车	12～15
汽车带一辆挂车	9～12
二轴载重汽车	8～9
三轮车、电瓶车	3～4

（3）道路交叉路口处的纵断面高度处，应保证车辆驾驶员有足够的视野。如表1-3的视距范围内不应有阻碍视线的阻碍物。

表1-3　视距

视距类别	视距（m）
会车距离	30
停车视距	15
交叉口视距	20

（4）停车场内为了便于排水，一般采用5％～10％的坡度，停车场的布置应符合有关规定。

（5）企业内道路平行于铁路线且与铁路路基在同一平面时，其间应有排水沟，道路边缘与铁轨的最小距离应不小于3 m。

（6）跨越道路上空架设的管线或其他构筑物距路面的最小净距不得小于5 m。

（7）人流量较大的主干道两侧应修筑人行道，其宽度不应小于1.5 m。

（8）企业内道路应设置交通标志，其设置位置、形式、尺寸、颜色等须符合国家安全标志的要求。

（9）易燃、易爆产品的生产区域或贮存仓库区，应根据安全生产的需要，将道路划分为限制车辆通行或禁止车辆通行的路段，并设置标志。

（10）企业内道路的交叉路口，高峰时间或交通量比较繁忙而视线条件达不到规定要求的，应有专人指挥和设置信号灯。

（11）企业内道路应经常保持路面平整、路基稳固、边坡整齐、排水良好，且应有完好的照明设施。

（12）企业内干道与职工人数较多的生产车间衔接的人行通道，如跨越铁路路线群，应设置人行地道或天桥。

（13）在职工上、下班时间内人流密集的出入口和路段，应停止通行货运机动车辆。

（14）路面狭窄或交通量大、容易堵塞的道路，应尽量实行单向通行。

（15）企业内道路在弯道、交叉路口的横净距范围内，不得有妨碍驾驶员视线的障碍物。

（16）路面宽度 9 m 以上的道路，应划中心线，实行分道行车。

（17）工厂或各主要车间应设置自行车棚，对自行车进行集中管理。

（18）在道路上施工期间，工地应按规定设置施工标志，采取必要的安全防范措施。

（19）车间通道中，车间、库房的门洞应符合表 1-4 的规定，其中，车间、库房的进、出口处应根据车间、库房通道情况和作业区域情况设置安全标志或限速标志。车间、库房内的通道宽度应符合表 1-5 的规定。

表 1-4　最小门洞尺寸　　　　　　　　　　　　　　　单位 : m

通行要求	单人	双人	手推车	轻型载货汽车	中型载货汽车	重型载货汽车	进入车间的防滑车道	汽车起重机	铁路车辆机车
门洞宽	0.9	1.5	1.8	3	3.5	3.6	4	4	4.5
门洞高	2.1	2.1	2.1	2.7	3	3.9	4	4	5.4

表 1-5　车间、库房内的通道宽度

通道类型	最小宽度（m）
行人通道	≥1
电瓶车通道	≥1.8
电瓶车对开通道	≥3
汽车或叉车通道	≥3.5

注：1. 宽度标志线应明显清晰。

　　2. 跨度之间通道上的平板车轨道应埋在地坪内。

　　3. 进入车间的铁路线轨道顶面应与地面平行。

第五节　厂内机动车辆安全管理

厂内机动车辆运输安全管理，是企业安全管理的重要组成部分。国家规定，厂内机动车驾驶作业是特种作业。为保证职工安全和国家财产不受损失，企业必须加强厂内运输安全的管理。其内容主要有运输安全生产的组织措施（如建立健全各项规章制度）、技术措施、安全教育、安全检查、厂内交通管理、车辆伤害事故管理等。

1. 建立健全各项规章制度

要搞好厂内运输安全，企业必须建立健全厂内运输安全管理规章制度，使管理人员和驾驶人员都有章可循。

厂内机动车辆运输安全管理规章制度主要有：

（1）各车种（车型）安全操作规程。

（2）驾驶员的安全教育制度。

（3）驾驶员的安全技术考核制度。驾驶员的考核教育、培训、安全行车、违章、事故等情况，应登记在各自的安全技术考核档案内。

（4）车辆的检验制度。车辆检验包括：驾驶员自检、企业定期及不定期检验、车辆保养和修理后的检验等。

（5）车辆的保养制度。车辆的保养，应按车辆使用说明书规定的保养周期、作业项目、作业标准等定期进行各级保养。

（6）车辆的修理制度（大、中修理）。

（7）车辆安全技术状况管理制度。车辆的每次保养、大中修理、检验、事故、主要技术特性等情况，应登记在每辆车的档案内。

（8）厂内道路交通管理规则。企业应根据国家和上级主管部门颁布的有关法规，结合本厂情况制定对机动车辆、车辆装卸、行驶、道路、行人等的管理规则。

（9）奖惩制度。包括行政、经济的奖励和处罚。

（10）按照国家特种设备安全监察条例，使用单位应制定特种设备应急预案。

2. 安全技术措施

实施安全技术措施的主要目的是改善厂内机动车辆运输作业环境,改善车辆安全技术状况,保护操作者(驾驶员及装卸工)的安全和健康等。

(1)改善车辆运输作业环境。采取措施减少驾驶员的视线盲区,尽力解决道路拥挤问题,提高夜间作业现场灯光照度,设置交通、安全标志牌等。

(2)努力提高车辆的完好率。通过对车辆的检验及时消除故障或隐患,坚持定期保养,使车辆技术状况处于良好状态;按计划进行车辆的大、中修,全面恢复车辆各部技术性能;及时更新改造应报废的老、旧车辆,提高车辆的安全性和可靠性,使车辆的完好率得以提高。

(3)保护操作者的安全与健康。主要是改善操作者的作业条件和工作环境,及时解决运输作业各环节的事故隐患,采取培训、考核等手段,提高操作者的安全技术素质。

3. 安全教育

经常对驾驶人员、装卸人员进行安全教育,是增强操作者安全意识、树立"安全第一、预防为主"观念,防止事故发生的重要手段之一。安全教育的主要内容有安全生产方针政策教育、遵章守纪教育、安全技术知识教育、典型经验和事故安全教育等。

4. 安全检查

安全检查的目的主要是发现驾驶人员的不安全行为和车辆隐患,及时加以解决,实现车辆运输安全。

(1)对机动车辆的检查。通过对车辆的检查,可以消除设备的不安全状态,保证车辆技术状况尤其是操纵系统和安全装置性能良好可靠,符合车辆安全技术检验标准,满足安全运行条件的要求。

通过对车辆技术状况的检查,可以发现车辆的管理、使用、保养、修理、运输作业环境等诸方面的问题,以便及时解决。这样做不但有利于安全作业,也有利于提高生产效率。

(2)对驾驶员的检查。主要检查其安全观念、遵章守纪、安全操作、护品佩戴、对车辆的养护等情况。督促驾驶员控制住自身的不安全行为,以实现安全运输。

5.车辆伤害事故管理

由车辆造成的人身伤亡事故,称车辆伤害事故。车辆伤害事故管理,是指对由于车辆伤害造成的人身事故的调查、分析、处理、报告、登记和统计。车辆伤害事故包括轻伤、重伤、死亡和多人事故。

同其他类别的事故处理一样,对车辆伤害事故的处理,也应查清事故的经过、原因和责任。做到原因分析准确、责任清楚、措施有力。

思考题

1.厂内机动车辆安全运输的重要意义是什么?

2.何谓厂内运输?有哪些主要运输方式?

3.影响厂内运输安全的表现有哪些?

4.造成车辆事故的因素概括起来有哪几个?其中主要因素是什么?

5.什么是反应时间?制动反应时间主要包括什么?

6.什么是动视力?动视力是如何变化的?

7.什么是视野、静视野和动视野?

8.驾驶员的视野与行车速度有什么关系?

9.为什么严禁酒后驾驶?

10.什么是驾驶疲劳?产生驾驶疲劳的主要原因有哪些?

11.如何防止驾驶疲劳?在驾驶中发现疲劳时应采取什么措施?

12. 从事厂内机动车辆驾驶的身体条件有哪些具体要求?
13. 厂内机动车辆驾驶员复审的主要内容是什么?
14. 厂内机动车辆的主要种类有哪些?
15. 什么是叉车? 叉车有哪些应用特点?
16. 内燃叉车和蓄电池叉车各有哪些优点?
17. 什么是最小离地间隙?
18. 什么是最小转弯半径?
19. 什么是最大爬坡度?
20. 什么是厂内道路? 其范围包括什么?
21. 厂内道路是如何分类的?
22. 厂内道路设置交通标志的具体要求是什么?

第二章 特种设备相关法律法规简介

第一节 中华人民共和国特种设备安全法

《中华人民共和国特种设备安全法》(简称《特种设备安全法》)由中华人民共和国第十二届全国人民代表大会常务委员会第3次会议于2013年6月29日通过,2013年6月29日中华人民共和国主席令第4号公布。《特种设备安全法》分总则,生产、经营、使用,检验、检测,监督管理,事故应急救援与调查处理,法律责任,附则共7章101条,自2014年1月1日起施行。

最近,我国接连发生多起重特大安全生产事故,造成重大人员伤亡和财产损失。这部旨在预防特种设备事故,保障人身和财产安全法律的及时出台,是全国人大常委会以人为本、立法为民的生动诠释。本法是第一部对各类特种设备安全管理做统一、全面规范的法律。它的出台标志着我国特种设备安全工作向科学化、法制化方向迈进了一大步。

特种设备安全法突出了特种设备生产、经营、使用单位的安全主体责任,明确规定:在生产环节,生产企业对特种设备的质量负责;在经营环节,销售和出租的特种设备必须符合安全要求,出租人负有对特种设备使用安全管理和维护保养的义务;在事故多发的使用环节,使用单位对特种设备使用安全负责,并负有对特种设备的报废义务,发生事故造成损害的依法承担赔偿责任。

第二节　特种设备安全监察条例

　　《特种设备安全监察条例》(简称《条例》)于 2003 年 3 月 11 日国务院令第 373 号中公布,自 2003 年 6 月 1 日起施行。2009 年 1 月 14 日国务院第 46 次常务会议签署《国务院关于修改〈特种设备安全监察条例〉的决定》,对《条例》进行修订,于国务院令第 549 号中公布,自 2009 年 5 月 1 日起实施。《条例》的颁布是我国质检法制工作的一项重大成就,是特种设备安全监察法制建设的一个新的里程碑。

　　制定《条例》的目的是为了加强特种设备的安全监察,防止和减少事故,保障人民群众生命和财产安全,促进经济发展。《条例》的实施将进一步推动特种设备安全监察工作依法开展,确保安全生产,保障人民群众生命财产安全,促进经济健康发展。

　　《条例》恢复和确立了特种设备事故调查处理的职能,实现了安全监察制度的闭环。《条例》规定了政府、企业和检验检测机构各负其责的责任制度:

　　(1)强化政府监管责任,促使有关部门积极履行职责。

　　(2)突出生产、使用单位的责任,促使生产、使用单位增强安全责任意识。

　　(3)强调检验检测机构和检验检测人员责任自负,确保检验检测机构的独立性和检验检测结果、鉴定结论的公正性。

　　(4)注意与刑法的有关规定相衔接。考虑到特种设备一旦发生事故,将会造成人员伤亡的严重后果,《条例》加大了对有关违法行为的惩处力度,对违法行为情节严重的除了规定罚款和撤销从业资格外,根据刑法的相关规定,明确了重大责任事故罪、重大劳动安全事故罪等严格的刑事责任。

第三节　特种设备事故报告和调查处理规定

2009 年 5 月 26 日，《特种设备事故报告和调查处理规定》（简称《规定》）经国家质量监督检验检疫总局局务会议审议通过，2009 年 7 月 3 日于国家质量监督检验检疫总局令第 115 号中公布，自公布之日起施行。

制定《规定》的目的是为了规范特种设备事故报告和调查处理工作，及时准确查清事故原因，严格追究事故责任，防止和减少同类事故重复发生。

《规定》界定了特种设备事故的定义和范围，也对特种设备事故报告和调查处理的程序进行了界定。《规定》是关于报告和事故调查处理工作的重要规章，是《条例》关于特种设备事故报告和调查处理的补充和细化。

第四节　特种设备作业人员监督管理办法

2004 年 12 月 24 日，《特种设备作业人员监督管理办法》（简称《办法》）经国家质量监督检验检疫总局局务会议审议通过，于国家质量监督检验检疫总局令第 70 号中公布，自 2005 年 7 月 1 日起施行。2010 年 11 月 23 日，《国家质量监督检验检疫总局关于修改〈特种设备作业人员监督管理办法〉的决定》经国家质量监督检验检疫总局局务会议审议通过，对《办法》进行修订，于国家质检总局第 140 号总局令公布，自 2011 年 7 月 1 日起施行。

制定《办法》的目的是为了加强特种设备作业人员监督管理工作，规范作业人员考核发证程序，保障特种设备安全运行。特种设备作业人员是保障设备安全运行的重要因素之一，当前多数的特种设备事故是由于作业人员违章操作引起的。《条例》首次将承压类和机电类设备的作业人员统称为特种设备作业人员,设定了考核发证行政许可事项,对需要制订配套的规章予以细化。通过规范的许可特种设备作业人员应有的技术素质和作业技能,保障设备安全运行。

从事特种设备作业的人员应当按照《办法》的规定,经考核合格取得《特种设备作业人员证》,方可从事相应的作业或者管理工作。

第五节　其他相关文件和标准

一、特种设备目录

特种设备的目录主要依据以下两次目录文件的规定:

(1)2004 年 1 月 19 日,国家质检总局制定了首批《特种设备目录》,于国质检锅[2004]31 号中发布。首批《特种设备目录》共八大类,61 个类别,301 个品种。

(2)2010 年 1 月 14 日,根据《特种设备安全监察条例》(国务院令第 549 号)的规定,经国务院批准,国家质检总局制定了《增补的特种设备目录》,于国质检特[2010]22 号中公布。

二、场(厂)内机动车辆作业相关标准

(1)场(厂)内机动车辆安全检验技术要求(GB/T 16178—2011)

(2)机动工业车辆　安全规范(GB 10827—1999)

(3)机动工业车辆　术语(GB/T 6104—2005)

(4)机动车运行安全技术条件(GB 7258—2012)

(5)非公路用旅游观光车通用技术条件(GB/T 21268—2007)

(6)工程机械通用安全技术要求(JB 6030—2001)

(7)道路交通标志和标线(GB 5768—1999)

(8)工业企业厂内铁路、道路运输安全规程(GB 4387—2008)

(9)厂矿道路设计规范(GBJ 22—87)

（10）特种设备作业人员考核规则（TSG Z6001）

三、其他

（1）特种设备现场安全监督检查规则（试行）（国质检特函〔2007〕910 号）

（2）中华人民共和国道路交通安全法（主席令第 47 号）

（3）特种设备质量监督与安全监察规定

（4）特种设备注册登记与使用管理规则

（5）机电类特种设备安装改造维修许可规则（试行）

（6）厂内机动车辆监督检验规程（2002）

思考题

1.《特种设备安全法》的出台目的是什么？

2.《特种设备安全监察条例》的制定目的是什么？

3.《特种设备事故报告和调查处理规定》的制定目的是什么？

4.《特种设备作业人员监督管理办法》的制定目的是什么？

5. 特种设备目录依据什么来确定？

第三章　车辆的安全

第一节　车辆的基本构成

车辆构成的形式多种多样,但其基本构造和原理大体相同。车辆的总体构造如图 3-1 所示。

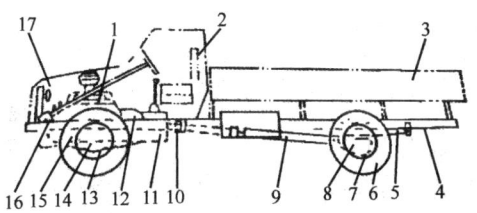

图 3-1　车辆的总体构造

1. 发动机;2. 驾驶室;3. 车厢;4. 车架;5. 后悬架;

6. 车轮;7. 车轮制动器;8. 驱动桥;9. 传动轴;10. 手制动器;

11. 变速器;12. 离合器;13. 车轮制动器;14. 从动桥;

15. 前悬架;16. 转向器;17. 车头

车辆一般可分为四个组成部分:即发动机、底盘、车身和电气设备。

1. 发动机

发动机是车辆的动力装置,它将燃料燃烧放出的热能转变为机械能,从发动机的飞轮向外输出功率。它包括以下装置。

（1）机体和曲轴连杆机构。机体是发动机的装配基体。曲轴连杆机构随着燃烧气体的高压作用,利用气体压力推动活塞运动,通过连杆使曲轴旋转,产生扭矩,为车辆提供动力。

（2）配气机构。按照发动机的工作循环,及时正确地将混合气送入气缸,并及时将燃烧后的废气排出。

（3）冷却系。保证发动机在适当的温度下正常工作。

（4）润滑系。输送清洁的润滑油到运动机件,起润滑、冷却、清洁和密封作用。

（5）燃料系。根据发动机各种不同工作状况的要求,供给一定数量和浓度的可燃混合气。

2. 底盘

底盘用来支承车身,接受发动机产生的动力,并保证车辆能够正常行驶。它包括以下装置。

（1）传动系统。用以将发动机产生的动力传给驱动车轮。

（2）行驶系统。将车辆各总成、部件连接成一整体,起支承全车并保证车辆行驶的作用。

（3）控制系统。用以保证车辆能够按照驾驶员所给定的方向行驶,并控制车辆行驶速度以及制动停车,分为转向系和制动系。

3. 车身

车身用以安置驾驶员、乘客和装载货物。厂内车辆车身的形式多种多样,它取决于车辆的用途、运输对象和使用目的,通常都有一套独立的工作装置。

4. 电气设备

电气设备由电源、发动机的启动装置和点火装置以及汽车的照明、信号、仪表等用电设备组成。

厂内车辆种类繁多,用途各不相同,动力部分有发动机和蓄电池电动机之分;车身除安置驾驶员外,根据车辆用途的变化,另有一套不同类别的工作装置,如拖拉机的拖挂装置,翻斗车的车斗和倾翻装置,铲(叉)车的装卸搬运的起重工作装置,拖挂车的牵引装置等等。可以归纳如图 3-2 所示。

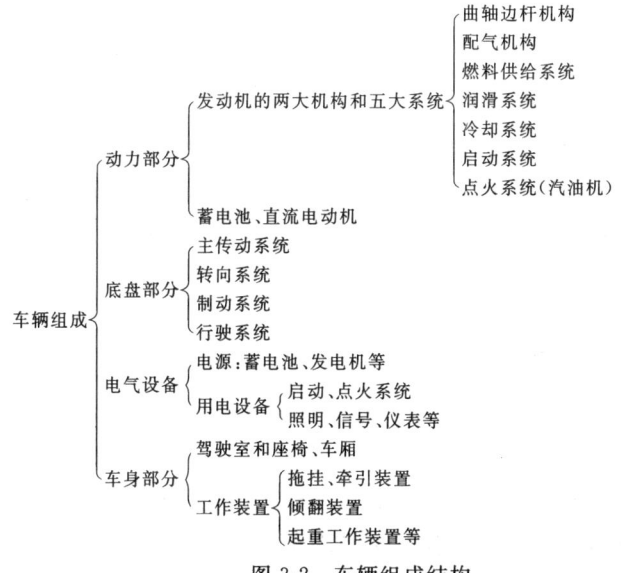

图 3-2　车辆组成结构

由于企业内机动车辆驾驶员培训教材已详尽地讲述了车辆的结构情况,本章着重介绍与车辆安全有关的系统、机构和装置,以及一些新结构、新系统。

第二节　转向系

车辆转向系的功能是控制车辆行驶方向和保持车辆稳定的直线行驶。转向系的安全使用性能是指车辆的操纵稳定性。

车辆的操纵稳定性一般指操纵性和稳定性两个方面。操纵性是指车辆能正确地按照驾驶员的要求,维持或改变原行驶方向的能力;

稳定性是表示车辆在行驶中抵抗侧滑和倾翻的能力，可分为纵向稳定性和横向稳定性。

一、转向系的组成

转向系一般由两部分组成，即转向器和转向传动机构。

1. 转向器

转向器的结构形式依据车的变化而不同，可分为螺杆螺母式、齿轮齿条式、球面蜗杆滚轮式、曲柄指销式、蜗杆齿扇式和循环球式等多种，其工作原理却基本相同。当方向盘转动时，转向臂轴经过减速围绕轴线摆动。

2. 转向传动机构

汽车的转向传动机构基本采用的是由左、右转向节臂转向横拉杆和前轴形成的转向梯形结构。这是由于车辆转弯时，内侧转向轮的转弯半径要比外侧转向轮的转弯半径小，因此，汽车转向时，要通过转向梯形结构控制内侧转向轮偏转角度比外侧转向轮偏转角度小，得以保证各车轮处于纯滚动，顺利转向。

3. 动力转向

动力转向是利用汽车发动机的动力帮助转向，以使转向更加轻便。动力转向主要应用在重型载重汽车及转向桥负荷大的车辆上。动力转向普遍采用的是液压式动力转向。驾驶员通过操纵转向器，控制转向助力器的随动阀，使转向助力器产生液压力推动直拉杆，使转向轮按照驾驶员的意志方向偏转。

挖掘机、推土机等履带行走的工程机械，采用机械传动的履带行走装置转弯时，采取脱开一边履带离合器（一般还加以制动）的办法，使一边履带朝着脱开离合器的一边转弯；采用液压传动的，通过对油路的控制，分别控制装在两条履带上的两个油马达，当两个油马达旋转方向相反时即能实现就地转弯。

二、前轮定位

为了使车辆保持稳定的直线行驶和转向轻便及减少汽车在行驶中轮胎和转向机件的磨损,装在转向节上的转向车轮、转向节和转向桥三者之间的安装,具有一定的相对位置,这种具有一定相对位置的安装,叫作转向轮定位。由于转向轮一般安装在前桥上,所以常称为前轮定位。

前轮定位包括主销后倾、主销内倾、前轮外倾和前轮前束。

1. 主销后倾

汽车的纵向平面内,转向节主销上端向后有一个倾斜角度叫作主销后倾。其作用是增加汽车直线行驶时的稳定性和转向轮自动回正的能力。主销后倾角一般在3°以内。

2. 主销内倾

在汽车横向平面内,转向节主销上端向内有一个倾斜角度叫作主销内倾。其作用是使汽车直线行驶稳定,转向轻便。一般内倾角不大于8°。

3. 前轮外倾

前轮在汽车上的安装,不是恰好垂直于地面,而是让上方略微向外倾斜。前轮外倾的作用是使转向轻便,前轮所承受的重量集中到转向节较大的轴承上去,从而保护较小的外轴承和转向节。同时,也可防止满载时因车桥变形而使车轮内倾,导致轮胎磨损加剧的危害。前轮外倾角在1°左右。

4. 前轮前束

汽车两前轮的后端距离大于两前轮前端距离。其差值即称为前轮前束值。其作用是克服由于前轮外倾所造成的前轮向外张开的趋势,以减少行驶阻力及轮胎磨损。前轮前束是由可调节长度的横拉杆保证的。各种车型的前束值不同,测量位置也不同,应严格按厂家规定调整。

三、转向系的安全技术条件

(1)方向盘不得设置于右侧。

(2)方向盘应转动灵活、操纵轻便、无阻滞现象，车轮转到极限位置时，不得与其他有干涉现象。

(3)机动车转向轮转向后应有自动回正能力，以保持机动车稳定的直线行驶。

(4)机动车方向盘最大自由转动量从中间位置向左右各不超过15°。

(5)机动车在平坦、硬实、干燥和清洁的道路上行驶，其方向盘不得有摆振、路感不灵、跑偏或其他异常现象。

(6)机动车在平坦、硬实、干燥和清洁的水泥或沥青路面上，以 10 km/h 的速度从直线行驶过渡到直径为 24 m 的圆周行驶，其施加于方向盘外缘的最大圆周力不得大于 245 N。

(7)机动车转向桥负荷大于 4 t 时，必须采用转向助力装置。装有转向助力器的车辆，当转向助力器失效后，仍具有用方向盘控制车辆转向的能力。

(8)机动车辆的最小转弯直径，以前外轮轨迹中心为基线测量，其值不得大于 24 m。当转弯直径为 24 m 时，前转向轴和末轴的内轮差(以两内轮轨迹中心线计)不大于 3.5 m。

(9)机动车前轮定位值应符合该车整车有关技术条件的规定。

(10)用侧滑仪检验车轮的侧滑量，其值不得超过 5 m/km。

(11)转向节及臂，转向横、直拉杆及球销应无裂纹和损伤，并且球销不得松旷。横、直拉杆不得拼焊。

第三节　制动系

制动系的作用是按照需要使汽车减速或在最短的距离内停车；使汽车可靠地停放在坡道上，不自动滑溜，保证汽车能在安全的条件下发挥高速行驶的性能。

通常用制动性来评价车辆的安全性能。车辆的制动性是指车辆在行驶中能降低速度以至停车的能力。它包括制动效能和制动方向稳定性两个方面。制动效能受车型类别、道路、气候条件的影响,主要包括制动减速度、制动时间和制动距离;制动方向稳定性是指车辆制动时不发生跑偏、侧滑而维持直线行驶或预定弯道行驶的能力。

一、制动系的组成

制动系由产生制动作用的制动器和操纵制动器的传动机构组成。由于制动作用的不同,决定了制动系由各自独立的行车制动(脚制动)和驻车制动(手制动)组成。

操纵制动器的传动机构有机械式、液压式、气压式、气—液综合式(真空加力式、压缩空气加力式)等等。其中,机械式仅在驻车制动上使用。

制动器通常是利用摩擦来产生制动作用的。制动器的结构主要分为鼓式和盘式两种。目前常采用的是鼓式。

1. 行车制动

(1)液压式制动系。液压式制动系主要由制动踏板、制动总泵、制动分泵、制动蹄、制动鼓及回位弹簧等组成。

工作原理是制动鼓固定在轮毂上和车轮一起转动。制动系不工作时制动鼓的内圆与制动摩擦片的外圆面之间保持一定间隙,使制动鼓可以随车轮一起自由旋转。

当踩下制动踏板时,通过推杆和总泵活塞,使总泵内的油在一定的压力下流入分泵,并通过两个分泵的活塞推动两制动蹄绕支承销转动,使摩擦片压紧在制动鼓的内圆面上,通过摩擦作用使制动鼓减速而达到制动的目的。

当放松踏板后,在回位弹簧的作用下,分泵内的制动液经管道流回总泵,油路中油压降低,制动蹄也由回位弹簧拉回原位,从而解除制动。

（2）气压式制动系。气压式制动系主要由空气压缩机、气压表、贮气筒、制动阀、制动气室、制动臂、凸轮、制动蹄片、制动鼓及回位弹簧等组成。

工作原理是当踩下制动踏板时,制动阀打开了贮气筒到制动室之间的通道,使贮气筒内的压缩空气经制动阀进入制动气室,推动制动气室推杆向外推出,通过制动臂转动凸轮,凸轮驱使制动蹄张开,压紧制动鼓,从而使车轮制动。放松制动踏板时,制动气室内的压缩空气流回制动阀,经制动阀的排气阀排入大气,制动阀被回位弹簧拉回原位,从而解除制动。

2. 驻车制动

驻车制动多作用于变速器输出轴或传动轴上,也有的利用车轮制动器作用于驱动车轮上。结构形式有盘式和鼓式等。

二、制动系的安全技术条件

（1）机动车及挂车必须设置彼此独立的行车和驻车制动装置。

（2）行车制动系的制动踏板的自由行程应符合该车整车有关技术条件的规定。

（3）行车制动系产生最大制动作用踏板力不得超过 700 N;手握力不超过 300 N。

（4）行车制动系最大制动效能应在踏板全行程的五分之四以内达到。

（5）驻车制动操纵装置的安装位置要适当,其操纵杆必须有一定的储备行程,一般应在操纵杆全行程的四分之三以内产生最大的制动效能,棘轮式制动器应在第三次拉动拉杆全行程的三分之二以内产生最大制动效能。

（6）驻车必须通过机械装置把工作部件锁住,并且施加于操纵杆上的力应不大于 500 N。

(7)对采用气压制动的机动车辆,当气压升至 590 kPa 时,在不使用制动的情况下,停止空气压缩机工作,3 min 后其气压的降低应不超过 9.8 kPa。在气压为 590 kPa 的情况下,将制动踏板踏到底,待气压稳定后观察 3 min,单车气压降低值不得超过 19.6 kPa,列车不得超过 29.4 kPa。

(8)采用液压制动系统的车辆,当制动踏板压力最大时,保持 1 min,踏板不得有缓慢向底板移动现象。

(9)气压制动系必须装有限压装置,确保贮气筒内气压不超过允许的最高气压。贮气筒应装有放水阀。采用气压制动的机动车辆,必须装设低压音响警报装置。

(10)采用气压制动系统的车辆,发动机在中等转速下,4 min(列车为 6 min)内气压表的指示气压从零升至起步气压(未标起步气压者,按 392 kPa 气压计)。贮气筒的容量应保证在不继续充气的情况下,车辆在连续 5 次全制动后,气压不低于起步气压(未标起步气压者,按 392 kPa 气压计)。

(11)在车辆运行过程中,不应有自行制动现象。当挂车与牵引车意外脱离后,挂车应能自行制动,牵引车的制动仍然有效。

(12)行车制动系部分管路失效时,其余部分制动效能仍能保持原规定值的 30% 以上。

(13)机动车在平坦、硬实、干燥和清洁的水泥或沥青路面(路面的附着系数为 0.7)上的制动距离和跑偏量应符合表 3-1 中的规定。对空载检验制动性能有质疑时,可用表 3-1 中满载的制动性能要求进行检验。

(14)机动车在平坦、硬实、干燥和清洁的水泥或沥青路面(路面附着系数为 0.7)的制动稳定减速度和跑偏量应按表 3-2 的要求检验。对于空载检验制动性能有质疑时,可用表 3-2 满载的制动性能要求进行检验。

表 3-1　制动距离和跑偏量

机动车类型 \ 检验项目 限值	空载检验的制动距离(m)①		满载检验的制动距离(m)②		紧急制动跑偏量(m)③		点制动④	
	20	30	20	30	20	30	30～40	40～60
总质量<4.5 t 的汽车		≤6.5		≤7.0		≤80		不跑偏
4.5 t≤总质量≤12 t 的汽车和汽车列车及无轨电车	≤3.8			≤8.0	≤80	≤200	不跑偏	
总质量>12 t 的汽车和汽车列车及无轨电车		≤4.4		≤9.5	≤80	≤200	不跑偏	
轻便及二、三轮摩托车		≤4.0				≤40		
方向盘式拖拉机带挂车		≤5.4	≤6.0			≤80		

注：①气压制动系：气压表的指示气压≤590 kPa；液压制动系：踏板力≤600 N。

②气压制动系：气压表的指示气压不大于额定工作气压；液压制动系：踏板力≤700 N。

③在规定的初速下紧急制动的稳定性要求。

④点制动(施加部分制动后，迅速放松制动踏板)时，对车辆制动稳定性要求(双手轻扶方向盘)。

表 3-2　制动稳定减速度和跑偏量

机动车类型 \ 检验项目 限值	空载检验的制动距离(m)①		满载检验的制动距离(m)②		紧急制动跑偏量(m)③		点制动④	
	20	30	20	30	20	30	30～40	40～60
总质量<4.5 t 的汽车		≥6.9		≥6.4		≤80		不跑偏
4.5 t≤总质量≤12 t 的汽车和汽车列车及无轨电车	≥6.4			≥6.0	≤80	≤200	不跑偏	
总质量>12 t 的汽车和汽车列车及无轨电车		≥5.5		≥4.8	≤80	≤200	不跑偏	
方向盘式拖拉机带挂车	≥5.0		≥4.0			≤80		

注:①气压制动系:气压表的指示气压≤590 kPa;液压制动系:踏板力≤600 N。

②气压制动系:气压表的指示气压不大于额定工作气压;液压制动系:踏板力≤700 N。

③在规定的初速下紧急制动的稳定性要求。

④点制动(施加部分制动后,迅速放松制动踏板)时,对车辆制动稳定性要求(双手轻扶方向盘)。

制动系统协调时间(系指在紧急制动时,从踏板开始动作至制动稳定减速度达到表 3-2 规定值或制动力达到检测要求的时间)的要求应符合表 3-3 的规定。汽车拖带挂车时的协调时间,不得大于牵引车最大允许值再加 0.2 s 的时间。

表 3-3 制动系统协调时间

汽车类型	制动系统协调时间(s)
总质量＜4.5 t	≤0.33
4.5 t≤总质量≤12 t	≤0.45
总质量＞12 t	≤0.56

(15)汽车用制动力检验制动性能。

①汽车在制动试验台上检测制动力应符合表 3-4 规定的要求。对空载检验制动力有质疑时,可用表 3-4 满载检验制动力要求进行检验。

表 3-4 制动力检测要求

检验项目 \ 检验要求 \ 车辆状态	空载	满载
制动力总和占整车质量的百分比(%)	≥60	≥50
主要承载轴的制动占该轴轴荷的百分比(%)	≥60	≥50

②制动力平衡要求:前轴左右轮制动力差不大于该轴轴荷的5%,后轴左右轮制动力差不得大于该轴轴荷的8%。

③制动系统协调时间按第(14)规定的要求进行检验。

（16）车辆的制动性能如能符合第（13）、（14）、（15）中之一者，即为合格。

（17）机动车制动完全释放时间（系指从松开制动踏板到制动完全消除所需要的时间）不得大于 0.8 s。

（18）机动车辆驻车制动性能要求：车辆空载正反两个方向在20％的坡道上，使用驻车制动装置 5 min 以上应保持固定不动；当采用制动试验台测驻车制动力时，车辆在空载状态，使用驻车制动装置时，驻车制动力总和不得小于该车整车质量的 20％。

第四节　专用工作装置

厂内机动车辆大量应用的是叉车和装载机（又称铲车）。叉车和装载机的工作装置，是车辆安全系统的重要组成部分。它直接承受货物重量，并完成货物装卸动作过程的工作。工作装置也称为起重机构。本节重点介绍叉车和装载机的工作装置。

一、叉车的工作装置

1. 叉车工作装置的组成和工作原理

叉车工作装置主要由货叉、滑架、内门架、外门架、链条、滑轮、油缸等部分组成。

为使货物能升起一定的高度，又要使叉车的总高度尽量低，以便叉车能通过较低的门道（如仓库门、车库门、船舱等），故叉车的门架都做成可伸缩的，即内门架可在外门架内上、下伸缩。门架的伸缩靠起升油缸来实现。

滑轮装在内门架两侧立柱的上部（有的叉车装在油缸柱塞上端头部）；链条绕过滑轮，一端与滑架相连，另一端与外门架上的横梁相连；货叉装在滑架上。当油缸柱塞上、下升降时，带动内门架及滑轮上、下升降，再以链条带动滑架，使货叉及货物上、下升降。

外门架的下端用销轴与车架形成铰链连接(有的叉车与前桥壳上的凸缘铰接),在倾斜油缸柱塞的推动下,外门架可绕它下端的铰销做前、后方向的摆动,以实现门架机构的前倾和后倾,便于货物的叉取和堆码,并确保在搬运过程中货物能保持稳定。

2. 门架起升装置

(1)部分自由起升装置。国产 CPC3 型叉车所采用的门架起升装置属于部分自由起升的两节门架起升装置。它的主要特点是:滑轮装在柱塞头部两侧,跟柱塞一起升降;柱塞头部在柱塞全部缩进时,与内门架上横梁之间存有一定的距离,这段距离称为柱塞的自由行程;柱塞头滑套在导向杆上,柱塞沿导向杆自由上升一段距离后,才能与内门架上横梁顶靠,然后带动内门架上升。

(2)全自由起升装置。全自由起升装置的结构特点是:采用具有双级柱塞的起升油缸,而且滑轮安装在自由起升的外缸筒上。全自由起升的叉车,可以在不低于叉车总高的低净空进行装卸作业。只要叉车能开得进的地方,都可将货物举升到与叉车总高大致相同的高度,故适用于船舱、车厢、集装箱等低净空处作业。

3. 叉车属具

叉车属具是指叉车用来取货的各种装置。为适应各种货物装卸作业的需要,各类叉车都配有多种形式的属具,以达到一机多用、扩大叉车使用范围的目的。

(1)货叉。货叉是叉车常用的属具。因它受力重,故一般用中碳钢或合金钢锻制成 L 形的整体。货叉的水平段用来叉取货物,垂直段用来与滑架相连。

货叉水平段的长度一般为载荷中心距的两倍。如装卸体积大、重量轻的大件货物,可换用加长货叉,或在货叉上套装加长套。

此外,叉车上还有各种特殊用途的货叉,如可绕横轴上下转动的"倾翻叉",两个货叉可同时做横向移动的"横移叉",等等。

（2）货斗。装卸非黏性的、颗粒较小的散货时，可采用货斗进行作业。工作时，操纵液压阀通过压力油的作用使柱塞伸出，货斗即绕轴向上旋转而铲取货物，然后随滑架起升。当操纵液压阀使单作用油缸内的油液流回油箱时，在货物及货斗重量的作用下，货斗翻转而倒出货物，同时推动柱塞回位。

（3）吊架和串杆。如装卸不便于叉取的单件货物，可用吊架作业。目前一般采用可变幅吊架。该装置以吊架代替货叉装在滑架上，并随滑架升降。货物吊装在吊钩上，移动吊钩位置即可得到不同的吊钩幅度。吊钩的起重量取决于吊钩的幅度，幅度越大，则起重量越小。

为装卸钢丝卷、钢圈、圆盘、轮胎等环状货物，可用串杆作业。串杆通过支承板安装在滑架上。

4. 工作装置的液压控制系统

工作装置的液压控制系统由油箱、液压泵（齿轮泵）、液压分配器、高压油管、低压油管、回油管、倾斜和起升油缸以及手柄等部分组成。当发动机工作时，液压油泵不断运转，将液压油从油箱吸出，经低压油管进入液压油泵，使油压升高后，沿高压油管进入液压分配器。然后根据起升手柄或倾斜手柄的位置不同，高压油进入起升油缸或倾斜油缸，或直接从回油管流回油箱（当工作装置不工作时）。

二、装载机的工作装置

1. 装载机工作装置的作用与组成

装载机工作装置的作用是铲装物料。它由铲斗、动臂、摇臂、连杆、转斗油缸、动臂油缸以及液压操纵机构等部分组成。装载机以铲斗的铲取、平移升降和倾翻来完成铲装作业。在转斗油缸的作用下，铲斗能绕自身的铰接点转动，以便装、卸物料；当转斗油缸闭锁后，在动臂油缸的作用下，动臂升、降带动铲斗平移升降。

2. 装载机工作装置的结构形式

装载机工作装置的结构形式有两种：有铲斗托架式和无铲斗托架式。

(1)有铲斗托架式。在这种工作装置上,动臂、连杆、铲斗托架和车架构成了近似平行四边形的连杆机构。这种机构基本上能保证当动臂升降时,铲斗在空间只平移升降,而无倾斜和转动,这就能防止物料撒落。ZL35 装载机便采用此种工作装置。

(2)无铲斗托架式。在这种工作装置上,动臂、连杆、铲斗等构成了"反转六连杆机构"。这种机构由于无托架,故铲斗的起重量可增大,且视野较好。同时,又因铲斗附近无油缸、油管,所以在装卸过程中撒落的物料不会造成设备事故。ZL20、ZL30 等型号装载机均采用这种结构。

第五节　其他装置

一、照明信号和仪表装置

车辆的电气设备包括电源和用电设备,组成电源的蓄电池和发电机等在这里不作叙述,只对照明信号和仪表装置作介绍。照明、信号和仪表装置是保障车辆运行安全的重要装置,应当很好地使用和维护。

1. 照明装置

(1)前大灯用以夜间行车照明道路,有远光和近光。会车时须用近光,其他情况可用远光。

(2)前小灯用来会车和显示车廓。

(3)雾灯用于雾天行车照明。

(4)倒车灯用于倒车时警示附近的人、车,也用于夜间倒车时照明车后道路。

(5)作业灯用于夜间作业时照明工作属具或装卸物。

2. 信号装置

(1)电喇叭在车辆行驶或现场作业时用以警示人员或其他车辆。

(2)转向灯分别装在车身前后部的左、右,用来示意行驶方向。

(3)制动灯装在车身尾部,踏下行车制动踏板时启亮,以警示后车;放开踏板制动灯光熄灭。

(4)尾灯在夜间打开,以便后车驾驶员判断前车方位,与之保持一定的距离。

3. 仪表装置

(1)车速里程表用来显示车辆行驶中的速度和累计行驶里程。

(2)水温表用来显示发动机冷却系的温度。

(3)机油压力表用来显示发动机工作时润滑系主油道中机油的压力。

(4)燃油表用来显示燃油箱中燃油的数量。

(5)电流表用来指示蓄电池充电或放电的电流值。

(6)电压表用来指示蓄电池组的电压值。

(7)制动气压表用来指示贮气筒内压缩空气的压力。

以上照明信号仪表装置是直接影响行车和装卸作业安全的,要求装备齐全,性能良好,驾驶作业人员要对其特别重视,出现故障必须修复后方能行驶和作业。

二、蓄电池车的特殊装置

从总体结构看,蓄电池车与汽车等机动车基本类同,但在具体结构上还是存在差异的。除了蓄电池车底盘传动系结构简单外,蓄电池车的动力装置(行驶电动机)的构造及工作原理,也有特殊之处。因此这里重点介绍蓄电池车的电动机及其电气控制系统。

1. 电动机

蓄电池车用电动机多为直流串激全封闭自冷悬挂式、卧式两种。通常平台式搬运车装置一台行驶电动机。叉车除装有一台行驶电动机供车辆行驶外,还装有一台油泵电动机,以驱动液压油泵使工作属具升降和门架倾斜进行货物装卸。有的叉车还装有供转向增力的液压转向助力器油泵驱动电动机。这些电动机虽工作性能有所不同,但总体结构与工作原理都是一样的。

通常蓄电池车用直流电动机均采用串激接线方式,直流电动机接通电源后,电流从蓄电池的正极流入激磁绕组,再经电刷、换向器流入电枢绕组后流回蓄电池的负极。在电流的作用下,四个磁极产生了四个强力磁场,在电磁感应的作用下,通电的电枢在磁场作用下旋转,并通过电动机的轴输出动力,以驱动车辆和油泵。为使蓄电池车获得较大的启动转矩并具有较大的过载能力,采用串激接线方式。

当电动机的激磁电流方向和电枢电流方向确定后,电枢的旋转方向也就确定了。若改变激磁绕组电流的方向,或者改变电枢电流的方向,电枢的旋转方向将随之改变。因此,控制行驶电动机的旋转方向(亦即蓄电池车的前行或后退)是通过换向开关变换电动机的激磁电流方向或电枢电流方向而实现的。

2. 调速系统

蓄电池车的调速系统有电阻调速系统和晶闸管调速系统两种形式。电阻调速系统是利用调速踏板控制主令控制器的挡位,以改变控制电路中给电枢的电压(或电流)大小及方向,从而获得不同的车速,包括停车和倒车。此系统现在很少应用。

晶闸管调速系统是利用晶闸管的工作特性控制电枢的通、断电时间比,从而获得不同的转速。由于晶闸管调速系统可实现电动机的无级调速,故得到广泛的应用。

另外,晶闸管调速系统还具有行车失控保护、零位保护、行车制动保护和电源电压显示等多种功能，提高了车辆使用中的安全性。

三、当代车辆新装置简介

1. 电控汽油喷射系统

随着科学技术的发展，电控汽油喷射供给系统将完全取代化油器式的燃料供给系统，其主要优点如下：

（1）电控汽油喷射系统提高了发动机的充气效率，增加了发动机的功率和扭矩，使车辆更加省油，且冷启动性能和加速性能良好。

（2）电控汽油喷射系统有单点喷射、多点喷射、连续喷射和脉冲喷射多种形式。其具体形式由三个子系统组成，即汽油供给系统、进气系统和电子控制系统。

科学技术与时俱进，不远的将来，厂内车辆也要装备上电喷系统。电喷系统的详细内容请参阅有关的文献和书籍。

2. 自动变速器

自动变速器具有较好地实现自动换挡、平稳加速和减速、振动冲击小的优点，在车辆上应用日趋广泛。

自动变速器既能起到切断、结合发动机的动力的离合器作用，又能起到改变转速和转矩的变速器的作用，并且都是自动完成这些功能的装置。它由液力变矩器、行星齿轮机构及液压控制装置等三部分组成。

使用中，应定期更换规定标号的油，对换挡杆机构和安全倒挡开关做必要的检查，发现不正常，应予以调整和维修。

3. 防抱死制动系统

为了充分发挥和利用汽车制动器的制动效能，提高制动减速度，缩短制动距离，增强制动时的方向稳定性，防止车轮抱死所带来的危害，采用防抱死制动装置被认为是提高车辆行驶安全性的非常有效的措施。

　　当前的防抱死制动系统有三种控制方式,即:车轮滑移率控制、车轮减速度控制和车轮减速度与车轮滑移率的综合控制。通常由车轮速度传感器、电子控制器、制动压力(气压或液压)调节器三大部分组成。

　　驾驶员应学习掌握该系统的工作原理、结构特点,使用、试验、维护、维修中的注意事项,更好地为运输作业生产服务。

　　车辆新技术、新结构的应用很多,继车辆的座椅安全带之后,装备于少量车型上的安全气囊是一种新型的安全装置,其组成与工作原理和使用维护知识在此不作叙述。

思考题

1. 车辆由哪些主要部分组成?各组成部分的作用是什么?
2. 什么是车辆的操纵稳定性?
3. 什么是前轮定位?
4. 转向系的安全技术条件是什么?
5. 制动系的功用是什么?
6. 什么是车辆的制动性?
7. 液压式制动的工作原理是什么?
8. 气压式制动的工作原理是什么?
9. 驻车制动性能的要求是什么?

第四章 车辆驾驶与操作安全

第一节 驾驶操纵机构的运用

车辆驾驶操纵机构主要是指方向盘、离合器踏板、加速踏板、变速杆、制动踏板、手制动拉杆和各种开关、拉(按)钮及手柄等。这些驾驶操纵机构,对不同的车型来说,其式样和位置可能有所不同,但其功用和操纵的方法基本相同。

一、驾驶姿势

正确的驾驶姿势能降低驾驶员的劳动强度,便于运用各种驾驶操纵装置和观察各种仪表以及观望车前周围的情况,从而能持久、灵活、安全地进行操作。

操作前,应根据自己的身材情况,将座位的高、低和垫背的前、后调整适当。操作时,身体要正对方向盘坐稳,两手握持方向盘边缘的左右两侧;两眼向前平视,看远顾近,注意两旁;身靠后垫背,胸部挺起,两膝放开,两脚分别放在离合器踏板旁和油门踏板上,始终保持精力充沛、思想集中和操作自如的姿势。

二、方向盘的运用

方向盘是操纵车辆行驶方向的机构。正确地运用方向盘,是确保车辆沿着正确路线安全行驶的首要条件。

　　方向盘的正确握法是：两手分别握紧方向盘边缘左、右两侧，按时钟表面 12 时的位置，左手在 9 时、10 时之间，右手在 3 时、4 时之间比较适宜，这样当右手操纵其他机件时，左手仍能自如地进行左右转向。

　　在平直道路上运用方向盘时，两手动作应平衡，根据行进中的各种情况，做必要的修正，一般情况下，不要左右晃动。

　　转动方向盘时，应根据转动方向，一手为主，一手为辅，适当地拉动或推送。急转弯时，拉动或推送方向盘应两手交叉轮流动作以加速转弯动作。转动方向盘时要求动作协调，稳准连续，不应断续推送，也不能双手同时用力或脱离方向盘。必须尽量避免急剧转向，遇急弯时，应提前降低车速，在视线清晰且不妨碍他车行驶的情况下，还要尽可能地加大转弯半径。

　　车辆在高低不平的道路上行驶时，应紧握方向盘，以免车辆颠簸时方向盘受到猛烈震动或转向，击伤自己的手指或手腕。

　　转动方向盘不可用力过猛，车辆停止后，不得原地转动方向盘，特别是装有液压助力器转向装置的车辆，以免损伤转向机件。在行驶中，除有时必须一手操作其他装置外，不得用单手操纵方向盘或两手集中于一点掌控方向盘。

三、离合器踏板的运用

　　离合器踏板是离合器的操纵机件，用以控制发动机与传动部分连接或脱开，从而实现动力传递或切断。

　　使用离合器踏板时，应握稳方向盘，用左脚掌踏在离合器踏板上，以膝和脚关节的伸屈动作踏下或松抬。

　　踏下即分离，动作应迅速，并一次踏到底，使分离彻底。松抬即接合，松抬的速度要根据操作时间的具体情况而定，一般是"快—停—慢"的方法。

　　车辆停车时，一般应踏下离合器踏板，将变速杆移入空挡后，再行制动停车。如紧急制动时可不踏离合器踏板而先踏制动踏板，以达到迅速停车的目的。

运用离合器踏板时应注意以下事项：

（1）在车辆行驶中，不得将脚放在离合器踏板上。

（2）除紧急制动外，一般情况应先踏离合器踏板后再踏制动踏板。

（3）一般不应采用踏下离合器踏板的方法进行滑行。

（4）一般不应采用半联动离合器控制车速。

四、加速踏板的运用

加速踏板亦称油门踏板或节气门踏板。汽油车的油门踏板用来控制化油器节气门的开度，以调节进入气缸的混合气成分和进入量，使发动机的转速提高或降低。柴油车的油门踏板用来控制喷油泵柱塞有效行程的大小，从而实现喷油量的调节，使发动机的转速提高或降低。

加速踏板的操纵，应以右脚跟放在驾驶室底板上作为支点，脚掌轻踏在加速踏板上，用脚关节的伸屈动作踏下或松抬，用力要柔和，不宜过急，要做到"轻踏、缓抬"，不可忽抬忽踏或连续抖动。

车辆运行时，右脚除必须使用制动踏板之外，其他时间都要轻放在油门踏板上。即使是完全放松踏板滑行时，也应保持这种姿势。

在车辆行驶或冲坡时，如已踏下加速踏板，而发动机转速还不能相应地增加，应换入低一级挡位，若发动机呈现无力，应停车检查调整，不能以多踏加速踏板或加"空油"的办法勉强行驶。

正确运用加速踏板，是驾驶员操作上的一项过硬功夫，必须经过较长时间的反复实践才能达到。

五、变速杆的运用

变速杆是变速器操纵杆的简称，又叫排挡杆，其作用是接合或分离变速器内各挡齿轮,从而改变传递的扭矩和转速,并且可使车辆前进和倒退。

变速杆的位置常见的有两种:一种是位于方向盘的下方;另一种是位于驾驶室底板上。操纵变速杆时,两眼应注意车辆行驶方向的前方,一手握稳方向盘,另一手轻握变速杆环头。换挡时,左脚踏下离合器踏板,右脚松开油门踏板,按排挡位置,用腕、肘关节的适当力量进行操作,不可强推、硬拉,也不可注视变速杆。

每次变换挡位时,都必须经过空挡位置。变换挡位,通常应逐级进行,不应越级换挡。挂入倒挡必须在车辆完全停止后进行,以免损坏变速器齿轮。如变速杆有倒挡提钮的,必须将倒挡提钮提起后才能挂入倒挡。

换挡时,不得强推硬拉而使变速器齿轮发生撞击响声。如起步挂挡挂不进,可放松一下离合器踏板,然后踩下,再进行挂挡;或将变速杆先挂入其他挡位,随即摘下,再挂入选定的挡位。

六、制动踏板的运用

制动踏板俗称脚刹车,是车辆制动器的操纵机件。车辆减速或停车,是依靠驾驶员操纵制动踏板来实现的。因此驾驶员合理和正确地运用制动踏板,是保证安全行车的重要条件。

1. 预见性制动

驾驶员在驾驶车辆行驶中,根据已发现的前方道路条件和交通情况的变化或预计可能出现的复杂局面,提前做好了思想和技术上的准备,有目的地采取了减速或停车措施,称为预见性制动。这种制动方法不但能保证安全行车,而且还可以节约燃料,避免机件、轮胎等受到损伤。其操作程序如下:先放松加速踏板,利用发动机压缩时的反作用降低车速,或将变速杆推入空挡利用滑行减速,并根据情况持续或间断地轻踏制动踏板,使车辆进一步降低速度,最终平稳地停住。

2. 紧急制动

车辆在行驶中遇到紧急情况时，驾驶员用正确迅速的动作使用制动器，在最短的距离内将车停住，以避免事故发生，称为紧急制动。紧急制动对车辆各部件和轮胎都会造成一定的损伤，并且往往由于左右车轮制动效果不一样，而造成车轮跑偏，甚至发生事故，所以，紧急制动只有在不得已的情况下方可使用。此外，保持制动机件完好，制动效能良好，是安全行车的先决条件。

紧急制动的操作程序是：握稳方向盘，迅速放松加速踏板，立即踏下制动踏板，必要时应同时迅速拉紧手制动拉杆，发挥车辆的最大制动能力，迫使车辆停驶。

3. 使用制动时的注意事项

（1）车辆在狭窄弯路或雪、雨、冰冻、泥泞等道路上行驶时，不得做紧急制动，并尽量避免使用制动器。

（2）车辆在行驶中不得无故将脚放在制动踏板上。为减少制动反应时间，在减速或准备随时制动时，允许短时间将脚放在制动踏板上。

（3）滑路上的制动，应先换入低速挡，利用发动机的阻力降低车速，缓慢地踏制动踏板，再踏下离合器踏板，使车辆平稳地停止。切忌紧急制动，以防溜滑和侧滑。

（4）除制动器失效，或不宜使用制动器等情况外，严禁在高速时，用高速挡换入低速挡来代替制动。

七、手制动拉杆的运用

手制动拉杆俗称手刹车，是手制动器的操纵机件。其主要作用是在车辆停车后或上坡起步时制动车辆，防止自行溜动；也可在紧急情况下，辅助脚制动器增强整车的制动效能。在一般情况下，禁止使用手制动器使车辆减速或停车，也不允许在车辆未停稳时，就拉紧手刹车。

手制动拉杆的位置常见的有两种，一种是位于仪表板下方；另一种是位于驾驶室底板上。在仪表板下方的手制动拉杆，向斜上方拉紧即制动；放松时应稍向斜上方拉动并同时旋转手制动手柄，将手制动拉杆推回原始位置，制动作用完全解除。在驾驶室底板上的手制动拉杆，向后拉紧即制动；放松时应稍向后拉，用拇指按下手制动拉杆上端的按钮，将拉杆向前推回到原始位置，制动作用即完全解除。

第二节　车辆安全驾驶技术

一、起步

车辆从静止状态经动力传递到车辆行驶的过程称为起步。车辆起步应做到安全、平稳、敏捷，其操作方法及注意事项如下：

(1)上车前，先检查车前车后车下是否有人和障碍物，货物是否装好。在此基础上，启动发动机，听、查发动机运转情况，检查各仪表的指示状况。发动机运转正常，水温达到 313 K(40℃)以上，气制动式气压达到起步气压标准，车旁车下无人及障碍物，货物装好，乘人坐好，车门关好后，方可起步。

(2)起步时应先挂挡，后松手制动器，并通过后视镜察看后方有无来车等情况，再缓松离合器，适当加油，徐徐起步。夜间、浓雾天气及视线不清时，须打开近光灯、示宽灯和尾灯。

(3)空车在平坦坚实的道路上起步，可用二挡，重车应用一挡，拖带挂车应用一挡或加力挡起步。

(4)起步时，松离合器与踏加速踏板的动作要配合适当，以避免有冲撞、跳动、熄火以及车轮滑转等情况发生。

(5)车辆在上坡路上起步，驾驶员应一手握紧手制动，一手握稳方向盘，一脚适当加油，一脚缓松离合器踏板，等离合器已大部分结合，即完全放松离合器踏板，同时松开手制动，使车辆徐徐起步。不允许不用手制动器，而用右脚兼踏加速踏板和制动器踏板的方法在坡上起步。

（6）车辆在下坡路上起步，应慢松离合器，少量加油，同时注意放松手制动。在冰雪泥泞的道路上起步时，如驱动轮打滑空转，应采取铺撒砂土，或清除轮下的冰雪、泥浆，再铺垫麻袋等方法。

（7）车辆由路边起步时，要打开向左行驶的信号，以引起后方来车的注意。同时，从后视镜注意后方来车动态，车辆驶入正式车道，调直车身后就关闭左转向灯。

二、会车和让车

在同一道路内，上下行的两车相对而行，至车头交会时，两车车身、车尾相错的行驶过程称为会车。

会车时，在与来车交会前，应看清来车装载情况，如有无拖带挂车，观察前方道路及周围环境，适当降低车速，选择较宽阔、坚实的路段，靠路右侧缓行交会通过。会车时要注意保持足够的安全横向间距，做到"礼让三先"，即先让、先慢、先停，并注意非机动车和来往行人。要尽量避免在急弯、狭窄地段等处交会车辆，即使在较宽的路面，也应慢车交会。在视线不良的情况下会车，要降低车速、鸣喇叭，并加大两车间的横向间距，必要时应停车避让。在狭窄的坡路，下坡车让上坡车先行；下坡车已行至中途而上坡车尚未上坡时，上坡车应让下坡车先行。当对面来车而自己前方右侧有障碍物时，需根据各车离障碍物的距离及道路情况，决定是加速越过障碍物还是减速等待，以错开越过障碍物的时间，尽量避免在障碍物处会车。在较窄的路面或路两边均有障碍时，应提前选择会车路段或停车路段，单车通过。夜间在没有照明的路面上会车，需距对方来车 150 m 处互闭远光灯，改用近光灯。车辆应采用防炫目灯，并要注意观察右前方情况，降低车速。灯光炫目时，要停车交会。

会车和让车的基本要求是：每个驾驶员都必须做到"各行其道"

"礼让三先",不开"英雄车",不争道抢行,以确保厂内交通的安全畅通。

让车时应遵守以下规定:非机动车让机动车;低速车让高速车;空车让重车;转弯车让直行车;进车间(进厂)车让出车间(出厂)车;装载一般货物的车让装载危险物品的车;下坡车让上坡车(下坡车已行驶至中途,上坡车未上坡时,让下坡车);各种车辆让执行任务的消防车、救护车、工程救险车;本单位车辆让外单位入厂的车辆。

三、超车

在同一车道内,后车从同方向行驶的前车左侧打方向盘借道后,加速至超过前车车尾、车身、车头的过程称为超车。

超车时应选择道路宽直、视线良好、左右两侧均无障碍物、前方150 m 以内没有来车的路段进行;超车时,须开左转向灯,向前车左侧靠近,并鸣喇叭(夜间须用变换远近光灯示意)通知前车,确认前车让超后,与被超车保持一定的横向间距,从左边超越。在同被超车保持必要的安全距离后,开右转向灯,驶回原车道。在超车过程中,如发现道路左侧有障碍物或横向间距过小而有挤擦可能时,要慎用紧急制动,以防发生侧滑和碰撞,不要左右转动方向盘,应在最短的时间内,适当拉开距离,然后再伺机超越。在超越停止的车辆时,应减速鸣喇叭,注意观察,留有较大的横向间距,随时做好紧急制动的准备,以防止该车突然开启车门或有人从车上跳下,从车下钻出;防止该车突然起步驶入车道而发生碰撞。

在下列地点或情况下不准超车:被超车左转弯、调头时;在超车过程中与对面来车有会车可能时;被超车辆正在超车;行经交叉路口、人行横道、库房内、铁路道口、急转弯、窄路、调头、转弯、下陡坡;遇风、雨雪、雾天能见度在 30 m 以内时;在冰雪、泥泞的道路上行驶时;喇叭、刮水器发生故障时;牵引发生故障的机动车时;进出厂区、库房和非机动车道时。超车时应注意的事项如下:

（1）为保证超车安全，超越和被超越的机动车驾驶员必须做到相互关照，密切配合。超越者要认真观察前车的行驶速度和超车地段的道路情况，确认具备了安全超车的条件后，方可超越，严禁违章强行超车。

（2）被超越的机动车驾驶员，发现后车要求超车的信号后，在允许超车的地段，应主动靠右行驶并减速，做到安全礼让，不得故意不让。

（3）在实际运行中，超车是否安全，取决于前后两车的驾驶员，特别是前车驾驶员，要做到让路和让速，以便让后车在尽量短的时间内完成超越。从理论上讲，完成超车程序所需时间越短，安全超车越有保障。如果前车只让路而不让速，类似"赛车"，后车需较长的时间才能完成超越程序，这对安全超车极为不利。总之，让路、让速不仅对安全有利，也体现了一个驾驶员的职业道德和遵章守法的自觉性。

四、转弯

转弯是车辆在行驶中遇有弯道或者需要向左、右改变行驶方向的操作过程。

1. 转弯操作注意事项

（1）转弯时，应根据路面的宽窄、弯度的大小等交通情况确定合适的转向时机及转弯车速。方向盘的操作要与车速和地形相配合，做到及时转，及时回，转弯角度适合。应尽量避免在转弯过程中紧急制动或变速换挡。

（2）转弯时应提前减速慢行。若转弯时车速过大，或转动方向盘过猛过多而使车辆转弯半径过小时，会使车辆的离心力过大而导致翻车或侧向滑移的事故。

（3）在道路及弯道情况允许的情况下，可事先放松油门踏板滑行减速，等到开始转弯时再重新挂入中速或低速挡。如转弯时滑行车辆仍有余力，也可以利用滑行转弯。

（4）应根据道路和交通情况，在开始转弯前 50～100 m 处发出信号，降低车速，靠路右侧徐徐转进，并做好制动准备。做到既安全，又迅速地顺序通过，不得争道抢行。

（5）左转弯时，除交通指挥人员允许外，一律应采取大转弯方法。

（6）转弯时，应加大前后车辆的距离，并注意转弯时可能突然出现的车辆、行人，在傍山弯路及视线距离较短的弯道上，应事先改换低速挡，鸣喇叭。

（7）在狭窄道路转弯时，不可侵越道路中线过多。转弯后应迅速将车辆驶回正常的行驶路线，以免妨碍其他车辆行驶。

2. 后轮转向车辆的转弯操作注意事项

后轮转向的车辆在转弯时，车辆外侧后轮的运动半径大于外侧前轮的运动半径，它们的差值叫外轮差。前后轴之间的距离越长、后轮转角越大，则外轮差越大。

（1）由于外轮差的存在，同样增加了车辆在转弯时对弯道路面宽度的要求。外轮差越大，要求的路面就越宽。

（2）车辆转弯时，应先使车辆靠弯道内侧行驶，使外侧留有足够的余地，不致使车辆越出路外或碰到障碍物。

五、调头

车辆行驶方向作 180°的改变称为调头。车辆调头时，必须严格遵守有关交通安全规定，在确保安全的前提下，尽量选择宜于调头的地点，如交叉路口或平坦、宽阔、土质坚硬的路段。应避免在坡道、狭窄路段和交通繁杂处调头，严禁在铁路道口、弯路、桥梁、陡坡等危险地段调头。

1. 一次顺车调头

在较宽的道路上，采取大迂回一次顺车作 180°转弯行驶的方法调头，既方便迅速，又安全经济。调头时，预先发出信号并减速，挂入低速挡,轻踩油门踏板慢速行驶调头。

2. 顺车和倒车相结合调头

当路面狭窄不能一次顺车调头时,可采用顺车和倒车相结合的方法调头。操作时可分为三个步骤进行:

(1)降低车速,挂入低速挡,靠路右侧驶入预定调头的地点。随后迅速将方向盘向左转到极限位置,使车慢慢驶向道路的左侧。当前轮将要接近左侧路缘时,即踩下离合器踏板并轻踩制动踏板,在尚未完全停止之前,迅速将方向盘向右转足,并将车停稳。

(2)车辆停稳后即挂入倒挡,起步慢行。待车辆倒退接近原来右侧路边时即踩离合器踏板并轻踩制动踏板,在车辆完全停下之前,向左迅速转动方向盘,为下次起步转向做好准备。

(3)车辆停稳后即挂入低速挡起步,则车辆向左转驶出,最后车辆的方向与原来方向相反,调头完成。

当路面较窄,一次前进与后退不能实现调头时,可反复操作多次。操作时要注意,车辆在反复前进、后退时,前后左右车轮在行驶时是不与路边平行的,因此,应以先接近路边的车轮为准来判断车的位置。如路边有障碍物限制,则前进时应以前保险杠为准,后退时以后车厢栏板或后保险杠为准。

3. 利用支线调头

在十字路口或丁字路口,可以利用支线调头。当支线在路右侧时,使车辆先在干线靠右行驶,通过了路口后即停止。然后倒车右转弯驶入右侧支线。车辆完全倒入支线后,即左转弯由前驶出实现调头。如支线在左侧,则应将车辆在干线左转弯驶入支线,然后倒车右转弯驶入干线右侧实现调头。

六、倒车

车辆从静止状态经动力传递到车辆向后行驶的过程称为倒车。

在车辆运行和装卸搬运作业过程中,是经常需要倒车的。由于倒车时视线受到限制,感知能力削弱,因而车辆倒行的方向与位置较难掌握。另外,倒车转向时,原来前轮转向变为后轮转向,原来的后轮转向变为前轮转向,这与通常控制转向的主观感受有差异,且控制转向的位置也起了变化,因而使得倒车没有前进时那样顺手、方便、灵活和准确。

通常,倒车时应先将车辆停稳,看清周围的情况,选定倒车路线和目标,注意前后有无来车、行人。如果倒车路上可能碰上障碍物,必要时应下车查看,然后按情况需要将变速器挂入倒挡的合适挡位,鸣放喇叭,并选用合适的驾驶姿势和操作方法。倒车时应注意控制好车速,不可忽快忽慢,以防止发动机乏力而熄火或倒车过猛而带来危险。

1. 倒车的驾驶姿势

根据车辆的类型、轮廓和装载的宽度、高度及交通环境,在倒车时可采取以下三种姿势:

(1)注视后方倒车。对汽车和有驾驶室的车辆,则为注视后窗。操作时,左手握方向盘上端,上身向右侧转,下身微斜,右手依托在靠垫上端,头转向后方,两眼注视后方目标进行倒车。

(2)注视侧方倒车。当驾驶室遮挡侧后方目标时,可采用此法。操作时,左手打开车门,手扶在半开的车门窗框上,右手握住方向盘的上端,上身斜伸出驾驶室,头转向后方,注视后方的目标。在一般情况下,两脚不得离开驾驶室。

(3)注视后视镜倒车。此法难度较大,但驾驶经验丰富、操作熟练、倒车距离短时也可以采用。例如,在道路右侧右转弯倒车时,可通过右侧后视镜以推断后轮与路缘的距离进行倒车。

2. 倒车的目标选择

注视后方倒车时,可在车厢后两角、场地、库门或靠近处的物体选择适当的目标，然后根据目标进行倒车。

由侧方注视倒车时，可选择车厢后角或后轮和场地或停靠近处的物体为适当目标，然后根据选定的目标倒车。

注视后视镜倒车时，在后视镜中可出现路边缘和车身边缘的映像。如果两者距离过大，则表明车辆过于靠近路中。

如有人指挥倒车，必须与指挥人员密切配合。无论采取何种方法倒车，在倒车前必须了解车后道路及环境情况，确认倒车的稳妥范围后，方可进行倒车。

3. 倒车的操作方法

（1）直线倒车。车轮保持正直方向倒退。方向盘的运用与前进时一样，如车尾向左（或右）偏斜，应即将方向盘向右（或左）稍稍转动，当车尾摆直后即将方向盘回正。

（2）转向倒车。操作要领是"慢行车，快转向"。若想车尾向左，则应向左转动方向盘；若想向右，则方向盘转右。特别要注意在绕过障碍物的时候，前轮转向的车辆易发生外侧的前轮或车身刮碰障碍物的现象，而后轮转向的车辆则会发生内侧的前轮或车身刮碰障碍物的现象。

4. 其他注意事项

（1）倒车时，因地形限制或方向盘转向角的限制，需反复前进、后倒时，应在每次后倒或前进接近停车前瞬间，迅速地朝着应定的方向回转方向盘，为下一次前进或后倒做好充分准备。切忌车停后强力回转方向盘，以免转向机构受损。

（2）按有关规定，铁路道口、交叉路口、单行路、弯路、窄路、桥梁、陡坡和繁华地段等不准倒车。必要时应有人指挥。

七、停放

（1）车应停在道路右侧或指定的地方。停车前应减速或利用脱挡滑行,并以方向标志灯或手势,示意后方来车及附近的人员注意,缓慢地向道路右侧或停车地点停靠,轻踏制动踏板,使车辆停止。

(2)机动车停放时,应关闭电门切断电源,拉紧手制动,锁好车门。

(3)在有规定不准停车的地点,严禁停车。在车辆流量大、人员密集、道路狭窄、视距不良、坡度大等不安全路段,应避免停车。

(4)在机动车道上停车时,要靠右侧停正,车轮距人行道边缘不得超过 30 cm,顺序停车距离应保持 2 m 以上,不能并排停放。

(5)车辆停稳前,不准开门和上下人。开门时不准妨碍其他车辆和行人通行。

(6)在停车场内停放时,要停放整齐,保持车辆有能够驶出的间隔和距离。

(7)夜间在道路旁停车,要打开示宽灯和尾灯,防止碰撞。

(8)必须在坡道上停车时,要选择安全位置,停好后要在拉紧手制动器的同时挂上一挡或倒挡,并用三角垫木或石块塞住车轮,防止滑溜。

八、坡道驾驶

车辆在坡道上行驶时,客观条件及作用与平路行驶的情况很不一样。车辆上坡时,由于重力的作用使车辆的行驶阻力增大;车辆下坡时,重力的作用会使车辆越走越快。因此在坡道上行车时,必须迅速估计道路倾斜的情况和坡道的长短,观察路面、地形和视线的情况,结合车辆的性能和装载重量,采取恰当的驾驶操作方法,做到转向灵活、制动及时、合理,换挡敏捷、准确,手脚配合协调。这样才能安全顺利地通过坡道。

1. 上坡

起步时,如因操作配合不当使车辆动力不足而将要无法前进时,应立即踩下离合器踏板和油门踏板,然后拉紧手制动杆,放松制动踏板后再重新起步。绝对不能在车辆后溜时猛然开始向前起步，以免损坏传动机件。

若遇到上坡熄火时，应先使用手、脚制动器将车停止，然后再重新起步。必要时可用石块或三角木等物将后轮塞紧，以防车辆后溜。

通过短而不陡的上坡道路时，如路面较宽而平坦，且两侧无危险情况，则可预先适当加速，利用惯性冲上坡顶，或提前换用低一级挡位加速冲坡。如通过连续的短小坡道时，应根据地形情况掌握车速，在下坡中途适当加速，握稳方向盘，利用惯性冲上下一个坡道。

通过长而陡的上坡道路时，既要利用加速冲坡，又要及时变速换挡，使车辆保持充足的动力徐徐上坡。通过视线受到限制的坡顶时，应及时减速鸣喇叭，靠右行驶，并警惕对方可能来车和行人，以免发生事故。

在傍山险路上坡时，在不影响会车的情况下，可在道路中央行驶，而不应临近山坡边缘。通过弯曲坡道时，由于视线受到限制，必须低速靠右行驶，多鸣喇叭发出警告。

上坡时，前、后车之间应保留足够的安全距离，以防前车倒退时与后车发生碰撞。在转弯的坡道上，绝对不可超车。当对面有车下坡时，应事先选择好安全会车的地点或选定安全地点停车以等待会车。

叉车载货上坡时，应前进上坡，即货叉向前以防货物颠落。若因货物体积大而阻挡视线时，应有指挥人员指挥行驶。

2. 下坡

下坡时，应根据坡度和道路的情况，控制好车速。下陡而长的坡道时，应在坡顶试踩制动踏板，检查制动器的作用是否良好，再挂进与爬上这一坡道所需的同级挡位，以利用发动机怠速运转的阻滞作用对车辆进行制动，并间歇地使用制动以控制车速。在上述情况下，绝对禁止踩下离合器踏板或脱挡滑行，不得使用紧急制动和中途变速。

下陡坡时,应事先看清前方的情况,与前车保持更大的安全距离。在视线受阻、视距较短的地带应随时鸣喇叭发出警告。在路面狭窄或地势险峻的地带,应随时做好停车避让的准备。下坡时禁止超车。

叉车、装载机载物下坡时,应做倒退行驶,以防货物颠落。

九、拖带挂车

拖挂驾驶的操作方法与驾驶主车车辆基本相同,所不同的有以下几点。

1. 起步

启动发动机,待水温升至 50℃ 以上时才能起步。起步前,要放松挂车的手制动器或取去塞垫车轮的三角木,并应注意使主车和挂车尽可能地排成一条直线。因为如果主车与挂车所形成的角度过小(接近 90°)时,不但会增加车辆起步的阻力,而且当起步较急时,还容易发生冲撞现象,甚至会将挂车拖翻。

起步时,应挂一挡起步,即使在空载情况下亦应如此。还应先以普通速度放松离合器,待车辆起步后,且感到拖钩与挂环在拉紧时,便进一步加大油门,并相应地均匀放松离合器踏板。在车辆总重较大、道路条件恶劣以及挂车拖架没有缓冲装置的情况下,放松离合器踏板的后一段行程的时间应延长一些,而加速踏板时应较快踩下。

2. 换挡

起步后可依次从低挡换入高挡行驶。在换挡过程中,加速的程度应比不带挂车时加强一些。从高速挡换入低速挡时,要比不带挂车时适当提前些,不要等到车辆无力时才换挡。

上坡时的减挡和下坡时的升挡,都可按坡度情况越级换挡,即上坡时可由五挡直接换入三挡,下坡时可由一挡直接换入三挡。

3. 行驶中

车辆的速度不宜太高，否则会使发动机的负荷增大，并且超耗燃油。车辆在空载时，更要控制车速，因为在这种情况下，车辆行驶的不平稳现象特别严重。

通过一般的不平路面时，可减速直线行驶，以免挂车摇摆。如遇凹凸不平的坑洼路面时，应换低速挡缓慢行进，以防挂车因剧烈跳动而使拖钩、拖架、钢板弹簧损坏。在避让障碍物时，应提前转动方向盘，不可急转方向盘。主车通过障碍物后，须估计挂车已越过障碍物时，才可转入原来车道。

拖带挂车行驶时，一般不宜脱挡滑行，遇陡坡或下行转弯的坡道时，绝对禁止脱挡滑行。如挂车装有良好的制动器，在平坦的宽路上行驶时，可采用减速滑行。

行驶中应注意行车速度的不正常变化。如感觉车速突然加快或发动机力量突增，则可能是挂车脱钩；如感到牵引时过分吃力，则可能是挂车故障。遇到这些情况以及感到车辆摇摆偏侧或其他不正常现象时，都应立即停车检查。

4. 转弯

转弯时应尽可能避免转弯过急。在弯道前 80～100 m 以外就应降低车速，充分判断道路宽度，选择一定的转弯弧线，保持匀速缓慢行驶，并应避免使用制动器。

在一般视距良好的弯道上，向左转弯前，要靠紧路的右侧行驶；向右转弯前，可略超过道路中线前进。只有在确定前方无车辆驶来和弯路太窄太急时，才允许侵占左侧车道。

5. 上下坡道

上坡时应特别小心操作，不要使车辆熄火停车，否则将会使车辆在坡道上起步而造成极大困难。牵引重量越大，坡度越陡，困难就越大。如果操作不够敏捷、正确或车辆制动效果欠佳，往往会使车辆向后倒溜而发生事故。

在爬越较陡的坡道时,应有辅助人员根据情况的需要,用三角木将车轮塞垫住,以防止车辆后溜。

在冰雪、泥泞的坡道上换挡时,特别是坡度较陡和车辆重量较大的情况下,往往容易发生打滑、倒溜现象。故在上坡前应充分估计,如认为可能产生滑溜,即预先换入能越过整个坡道的低速挡位。

在上坡完毕转为下坡时,虽主车已过坡,但还须待挂车也已越过坡顶而感到发动机有余力时,才能缓缓放松油门踏板,并换入较高的挡位行驶。

下坡时,驾驶员也必须特别谨慎小心。如果坡道不长且道路较直,则可利用惯性一直下坡;如果坡道较长或有弯道,应预先降低车速,同时试踏制动踏板,以了解制动系统工作是否可靠,随即换入低速挡位,以利用发动机的制动作用来控制车速,缓缓下坡。

车辆牵引挂车下坡时,挂车的行驶稳定性显著变坏,并且还可能发生侧向滑移。因此,下坡时最好不要使用制动,尤其要避免紧急制动,特别是在挂车没有制动装置时,下坡制动会引起主车和挂车的猛烈冲撞。为了避免紧急制动,驾驶员要善于判别道路前方至少 50 m 范围以内的各种情况,以便及早做好准备和采取措施。如必须使用制动,动作也应均匀缓慢。

6. 会车与超车

与对方来车相会时,应预先选定较宽路面的地段减速靠边。在两车交会的过程中,要使主车与挂车保持直线行驶。在不太宽的道路上相会时,应逐渐放松油门踏板,降低车速后换入低速挡,不可在相会时使用制动。当两车正处于相错位置时,应微微加速,使挂车处于拉紧的状态,以免发生摇摆。

牵引挂车行驶时应尽量避免超车。在载重量较小或空载时,如想超车,应在前车避让后,提前靠左行驶,然后超越。超越后,应估计自己车辆的全部长度和被超车辆的速度,估计确已全部超越后,方可渐渐转入正常车道。

7. 制动、停车

车辆拖带挂车时，惯性较大，行驶的稳定性也较差，使用制动不仅会使机件和轮胎容易损伤，并且也会使车辆及挂车的不稳定性加剧。在滑溜路上制动时，往往会使车辆产生跑偏侧滑的现象，甚至使车辆翻倒。所以除前面已提到过的以外，在一般情况下，应注意尽量少使用制动，只有在必要时才使用，并且动作要均匀，切忌猛烈和急剧的操作。在各种情况下掌握适当的车速和加强注意，提高警惕，是减少使用制动和避免紧急制动的基本方法。

有些驾驶员习惯用间歇制动的方法，这对于不拖带挂车时的驾驶是可取的，但拖挂车辆时，这就是一种不良的操作方法，因为这种做法会使挂车与主车发生相互冲撞。

停车后，除了应拉紧主车的手制动器和挂入一挡或倒挡之外，还应拉紧挂车的手制动器。

8. 倒车、调头

拖带双轴挂车的车辆在狭窄的场地上不可能像单辆车辆那样用倒车的方法来调头。因此，拖带挂车在到站或装卸货物前，应观察和选择地形，尽可能争取在空车时采用拖带挂车顺车回头的方法调头。

如果只带有一辆轴转向式的挂车，在场地宽度足够的情况下，利用挂车的转盘装置，还是可以使用原地调头方法的。这一方法的要领是：先使车辆拖带挂车紧靠路边行进，接着急转方向盘，行至将近路中停车，然后倒车，当主车后部刚接触挂车的拖架时即停住，再使车辆前进。如此小距离地进退3～4次之后，一般就可将主车的车头调转，挂车也就可以跟着拉转过来。

十、滑行

滑行是利用车辆本身惯性的行驶，它对减少机件磨损和节约燃料有一定的好处。但利用惯性滑行必须具备一定的条件,否则不仅不能收到良好效果,反而会引起事故。这些条件是:车辆技术状况正常,主要是怠速稳定、转向和制动机构无故障;驾驶经验丰富,操作技术熟练;道路宽直,交通空闲,视线良好。

实际上是否采用滑行和采用什么方法滑行,应掌握三条原则:第一是保证行车安全,第二是避免机件损坏,第三是节约燃料消耗。

1. 减速滑行

减速滑行主要适用于以下场合:

(1)在预定停车地点适当距离之前采取减速准备停车时。

(2)预见到道路前方有障碍而需要减速时。

(3)在比较平坦的路段要转弯、过桥、通过铁路道口以及在有交通指挥人员指挥的交叉路口以前需要减速时。

(4)在道路不平或交通繁忙地点需要减速时。

在上述的场合中,可使用挂空挡不熄火的方法减速滑行。当滑行距离很短时,可使用不脱挡而踩离合器踏板的方法滑行;也可采用抬起油门踏板的方法滑行。如滑行减速不够,或已达停车位置时,可使用缓和的制动帮助减速或停车。

2. 下坡滑行

下坡滑行适用于坡度不陡的宽直路段或陡坡接近平路的坡尾处。滑行时可采用放松油门踏板的方法,严禁挂空挡滑行和熄火滑行。

3. 其他不可滑行的情况

(1)道路泥泞、积雪、结冰或在陡坡、狭路、急弯、傍山险路以及其他禁止滑行的路段。

(2)阴暗、风雪、雨雾天气,以及黄昏、黑夜视线不清时。

(3)车辆装载危险品或装超高、超长物资时。

(4)车辆拖带其他车辆时。

（5）在低温天气，滑行会影响发动机正常温度时。

（6）车辆在走合期。

十一、夜间驾驶

夜间驾驶与白天驾驶有很大的不同。夜间驾驶时，因灯光照射有一定的范围和亮度，视线受到限制，并且灯光随车晃动，使驾驶员对道路、地形和行进方向的判断均感困难，容易发生错觉。夜间驾驶容易产生疲劳，加上大地静寂，夜色茫茫，往往易于引起心慌意乱。因此，在夜间驾驶之前，应尽量做到充分休息。驾驶时，要振作精神，谨慎操作，特别要注意选择路线，正确地控制车速和掌握换挡时机，时刻做好停车准备，以保证行车安全。

1. 夜间道路的识别与选择

（1）在道路上行驶时，由于灯光晃动，对路的凹凸部分判断不清，容易产生错觉，造成以坑当路或以路当坑。这就要求能做出正确的判断。如发现远方路面上有黑影，当车驶近时黑影消失，这是路面有小坑；如黑影仍存在，这是路面有较大的坑。

（2）行驶中，如灯光照向路的一侧，一般是慢弯道；如路面突然不见，一般是急弯道或下陡坡。

（3）夜间行驶除陡坡外，一般的坡道也不易识别。因此应根据道路标志、路旁地形、发动机声音和车速快慢等情况，来区别道路的地形。如发动机声音变得沉闷，车速减慢，灯光照射距离变近，所在的地形就是上坡；反之，则为下坡。

2. 驾驶注意事项

（1）要适当降低行驶车速。在弯道、坡道、桥梁、路幅较窄和不易看清的地方，应减速慢行，随时做好停车的准备。

（2）必须注意灯光的使用。灯光须照出 50 m 以外。在有路灯照明的厂内道路及低速行驶时，可用近光灯和小灯。通过交叉路口时,应在距交叉路口 30～50 m 处关闭大灯并按需要用转向灯表示行驶的方向。

(3)夜间会车时应及早选好交会地段,主动做好停车避让的准备。当与对方来车相距 150 m 时,将远光灯改为近光灯或小灯,掌握适当的地形和路线,靠道路右侧直行通过。切勿在看不清道路的地方盲目地转动方向盘,以免发生意外。在两车的车头交会之后,再按需要开亮大灯。

遇到来车未能及时关闭远光灯时,应主动减速,并用喇叭或用断续灯光提醒对方,切不可用强烈灯光相互对射。若由于对方的灯光影响而一时看不清道路时,应主动停车,待对方来车通过后再起步行驶。

(4)夜间行车应尽量避免超车。如必须超车,应事先用灯光或喇叭预告前车,在前车让路后方可超越。

(5)厂区道路两旁常堆放货物、设备及其他物件,且厂内道路照明往往较差,这些物体旁往往会形成阴影。要防止行人或其他人员突然从阴影走出与车辆碰撞而发生事故。

(6)夜间工作容易疲劳,特别是过了午夜以后,常常会瞌睡。如果有这种情况时,切不可勉强支撑工作,应就地停车休息,待体力和精神得到适当的休息后,方可继续驾驶。

十二、雨雾中的驾驶

在雨雾中行车时,视线受到的阻碍较大。因雨中或雨后路面状况会有显著变化,道路上的动态,也往往出现不正常的情况,故给驾驶操作增加困难。

1. 雨天行车注意事项

(1)要注意气候变化的征兆,及时检查刮水器的状况,做好装载物资及点火系的防潮工作。

(2)雨中行驶时,应适当降低车速。遇到情况时,要及早采取预见性措施。特别是遇到行人因躲雨避水而不及时让车时，应耐心照顾，不可抢道，不要从行人身边绕过，以避免泥水溅污行人的衣物。

（3）通过泥泞路段及其他容易引起打滑的道路时，应提高警惕，严格控制车速，不可急剧转向，并避免使用制动，且切忌使用紧急制动，一定要按滑路上行车的操作方法谨慎驾驶。

（4）在久雨的天气，要注意路基会疏松并可能出现坍塌，故应选择安全的路面行驶。在傍山路、堤岸或沿河道路上，不宜靠边行驶或停车。在超车、会车时更须注意，以防止路肩坍塌而造成翻车事故。

（5）遇到特大暴雨，不要冒险行驶，应选择安全位置把车停放，并开亮小灯，以引起来车的注意。

2. 雾中行车注意事项

（1）应根据视线远近，适当减低车速。应开亮小灯和防雾灯，行驶时要多鸣号，以引起行人、车辆的注意。

（2）听到来车喇叭声，应鸣号响应，会车时要用断续灯光示意，以免互相碰撞。要尽量避免超越前车。

（3）雾重时，可使用刮水器或打开挡风玻璃，以改善视线。

（4）遇到浓密大雾，应当开亮小灯，紧靠路边暂停，等到大雾散去或视线比较清楚时再继续前进。

十三、冰雪道路的驾驶

当车辆在冰冻积雪道路上行驶时，其主要特点是制动距离加长。根据汽车工程学理论，在一定车速情况下，车辆的制动距离和轮胎与路面的附着系数成反比。在冰雪路面上，轮胎与路面的附着系数十分小，比如对于冰路只有 0.1，对于雪路只有 0.2。因此，在这种路面上车辆的制动距离要比非冰冻积雪路面上的制动距离大得多。例如，车辆以 40 km/h 速度行驶时，在干沥青路面上的制动距离为 10.5 m，在干水泥路面上制动距离是 9.0 m，而在冰路上制动距离是 62.98 m，在雪路上制动距离为 31.49 m。特别值得注意的是，在带雨水的积雪或冰冻路面上行车是最危险的,这种路面附着系数更小,制动距离更大。

在积雪或冰冻路面上行车最大危险是滑溜,滑溜有以下四种:

(1)后轮滑溜。这时后轮被刹住,车辆发生滑动,这种滑溜最为常见。

(2)前轮滑溜。这时前轮被刹住,由于车辆失去方向控制而发生滑溜。

(3)动力滑溜。由加速过猛所引起,在冰冻或泥泞路面上驾驶员加大油门快速行驶时常发生这类溜滑。

(4)横向滑溜。在转弯时如车速过快,最容易引起车辆横滑、甩尾甚至导致倾翻。

防止上述滑溜的方法是:

(1)降低车速,特别是进入弯道或下坡前一定要降低车速,但在降低车速时不要制动过急。

(2)在下坡时,最好用传动轴减速即采用手制动。因为这时牵阻力(制动力)对两驱动轮是相等的,不易产生侧滑。

(3)起步时加速要适度,由于冰冻积雪路面的附着力很低,起步时,驱动轮容易打滑空转。为此,在起步时加油要适量,使发动机在不致熄火的条件下输出较小的动力,以减低驱动轮的扭力适应较小的附着力,实现正常起步。

(4)保持均匀的行车速度,在冰冻积雪的路面上,一般应保持均匀的行车速度。即使在需要提高车速时也要慢慢地踏下油门,不要加速过猛,以防两驱动轮因突然增加转速而打滑。

(5)车辆在行驶中要尽量保持平衡。

(6)在冰冻积雪道路上行驶时,要尽量避免行驶方向、行驶速度和传动比突然变化,否则容易引起滑溜。

(7)如有条件,轮胎应加装防滑装置。

除此之外,在冰雪路面上行驶时还要注意其他车辆和行人,尽量与其他车辆和行人保持适当的安全距离。

十四、炎热气候中的驾驶

夏季气候炎热，阵雨较多，且夏季的特点是日长夜短，驾驶前应做好各项准备工作。夏季到来之时应按规定对车辆进行季节性保养，然后采取措施，防止供油系统在温度过高时产生"气阻"现象而使发动机供油不足甚至中断。这些方法有：在汽油泵与排气管之间增加隔热护板；在输油管上缠绕石棉绳以隔热；使油管尽可能避开排气管；扩大散热器受风面积，加强通风以改善供油系统的降温条件。当"气阻"现象已发生时，可在汽油泵上包裹湿布，并用滴水的方法使它保持湿润，这样能有效地降低汽油泵的温度。在驾驶员的劳动保护设施方面也应做适当的准备。如设置车头凉篷，以保护驾驶员的视力并避免阳光的直接照射；防雨设备应保持完整无损，以应对雨的来临。另外，还应备好水壶、水桶、毛巾以及人丹、清凉油等防暑药物，以备需要时用。驾驶时应注意以下事项：

（1）要随时注意水温表的指示不要超过 95℃，要及时选择阴凉之处停车降温，并可掀起发动机罩以利通风散热。

（2）经常检查冷却水量，不够时应及时补充。散热器的水沸腾时，不能马上熄火和加注冷水，应让发动机怠速运转一段时间，待水温下降后，再熄火加水。开启水箱盖时，要用毛巾或其他东西裹手，同时脸部应避开加水口上方，以防止水汽冲出而烫伤手脸。水箱盖打开水汽冲出后，应用细流水加满水箱，否则会造成喷水。若要采取换水措施，应将水箱加满后，打开放水开关，随后边放边加，不可把热水全部放出后再加冷水，以免气缸受热不均匀而破裂。

（3）供油系统发生"气阻"现象时，应采取措施给予排除。

（4）注意轮胎的温度，防止轮胎发热使气压过高。若发现轮胎温度、气压过高时，不可放气或浇泼冷水，而应选择在阴凉处停车，待轮胎温度自然下降，气压恢复正常后再行驶。行驶时的车速不宜过快，车辆转弯前必须减速,以防轮胎爆炸。

(5)掌握制动效能。液压制动系统的总泵或分泵皮碗受热后会膨胀,制动液受热后会蒸发汽化,这些都会造成制动失效,故应随时检查制动性能。特别是驶上长坡后,必须在坡顶停车,以检查制动器性能。如感到踏板软弱无力和制动效能变差时,要及时停车降温,检查制动总泵中的制动液,并按规定补足。必要时还应进行排放空气的作业。下长坡时使用制动器频繁,要注意下坡途中停车休息。制动鼓温度过高时,不可浇泼冷水,以防其开裂。

(6)要警惕道路两旁的动态变化。道路两旁的阴凉处可能有人歇息,要防止有人从阴凉处突然走上道路。在转弯处须特别小心。

(7)行驶过程中应防止瞌睡。因天气炎热,日长夜短,故可能因晚上睡眠不足而精神欠佳。午后的一段时间天气最为炎热,这时容易引起疲劳与瞌睡。因此,驾驶员应该注意充分休息。在条件许可的情况下,最好避免在最热的时候作业。在驾驶的过程中,如感到视线模糊、头脑变得迟钝时,必须立即停车休息,或用冷水淋洗头部,或做些体操运动,使头脑清醒,精神振作,以确保行车安全。

(8)加强例行保养工作。

第三节　车辆安全操作规程

一、货运汽车安全操作规程

(1)按照例行保养规范对车辆进行检查保养,确保各部分的技术状况处于完好状态。

(2)起步前,应观察车辆周围,确认无妨碍行车的障碍后,方可鸣号起步。起步操作要平稳。

(3)气压式制动的气压表读数达到规定值方可起步。

(4)发动机未熄火前,汽车不得添加燃油。

（5）严禁用汽油擦洗车辆、清洗零件和烘烤车辆等。

（6）严禁用明火作照明检查油箱的油量。

（7）严禁采取不经过汽油泵和滤清器而直接使用各种容器或其他自流方式向发动机上的化油器内加注汽油。

（8）严禁将各种盛装汽油的容器放在驾驶室内。

（9）在有汽油的地方，禁止吸烟，严禁火种。

（10）化油器回火时，应立即停车检查。

（11）严禁使用高压线"吊火"的做法。

（12）汽车电线着火时，应立即关闭电门，迅速拆除蓄电池连线。

（13）调整发动机传动皮带时，须关闭发动机。

（14）避免用手直接接触容易转动和移动的部位。

（15）拆卸机件时不得使用不合适的工具。

（16）维护修理时，车辆应选择平坦的地点停放，拉紧手制动，变速杆放入空挡，而且前后车轮应用三角木塞住，以防车辆溜动发生事故。

二、拖拉机安全操作规程

（1）按照规定的项目、标准对车辆进行检查保养，确保整车技术状况处于完好状况。

（2）起步前，应观察车辆周围，确认无妨碍行车的障碍后，方可鸣号起步。起步操作要平稳。

（3）严禁拖拉机牵引挂车超重、超高和高速行驶，以免发生翻车事故。转弯时须低速行驶。

（4）下坡道之前，应根据拖载情况和坡度的大小，选择适当挡位。在陡坡行驶的中途，不要换挡。在下陡坡时，应挂低挡，缓慢行驶，严禁空挡滑行，以免发生事故。下坡时不要猛踩制动器，以免发生拖拉机倾翻的重大事故。

（5）牵引挂车行驶前，应把左右制动踏板连在一起，并检查制动器是否可靠,左右制动是否同步。

(6)挂车中不得乘人。

(7)拖拉机的挡泥板和牵引杆上不得乘坐人员,以免行驶中掉下发生事故。

(8)牵引车后部与挂车前部,必须安装防护网、保护链及有效的制动器,以免发生脱节事故。

(9)挂接挂车时,须用低速小油门倒车,并做好随时停车准备。插牵引销时,必须在拖拉机停止时进行,以免伤人。

(10)牵引平板车行驶时,不准在平板车上坐人,以免人员掉下发生事故。

(11)行驶中应尽量保持匀速。起步、停车要稳,以免拖拉机和挂车产生撞击。

(12)停车时,要保持直行停放,在坡道上停车,要塞住主挂的后轮,以防滑车。

三、叉车安全操作规程

(1)按照叉车例行保养规范进行检查保养,对工作器具进行检查,确保各部分技术状况处于完好状态。

(2)起步前,应观察车辆周围,确认无妨碍行车的障碍后,方可鸣号起步。起步操作要平稳。

(3)气压式制动的气压表读数达到规定值方可起步。

(4)叉车载物起步时,所载物品要放置平稳、牢靠,载荷分布均衡,不得偏斜,载运高大、贵重、易损物品时要捆牢。

(5)行驶时,货叉底端距地面高度应保持在 300～400 mm,起重门架要后倾。

(6)行驶时,不得将货叉起升过高,进出作业现场或行驶中,要注意上空有无障碍物刮碰。严禁将货叉起升过高进行长距离载物行驶。

（7）行驶中，应避免急刹车和高速转弯。

（8）内燃叉车在下坡时严禁熄火滑行。

（9）载物行驶在坡度超过 7°和用高于一挡的速度上下坡时，非特殊情况不得使用制动器。

（10）严禁横跨坡道行驶和在坡道上转弯。

（11）载运影响驾驶员视线的货物时，应倒车低速行驶。

（12）禁止用制动惯性溜放货物；禁止用货叉挑翻货盘的方法卸货；禁止用单货叉作业；禁止超负荷作业；禁止用高速惯性力叉取货物；禁止人员站在货叉上；禁止在码头岸边用货叉直接装卸船上的货物；禁止叉物悬空时驾驶员离车。

（13）叉车叉物作业时，货叉周围严禁站人，以防倒塌伤人。

（14）严禁用货叉举升人员从事高处作业。货叉举起后，货叉下严禁站人。

（15）作业时，应注意车轮不要碾轧物品，防止叉头刮碰物品及作业人员。

（16）检修时，应将变速杆置于空挡，并采取制动、掩轮以及支顶起重滑架等安全防护措施。

（17）停车后，应将起重滑架落下，将货叉水平置于地面上。

（18）蓄电池叉车除应遵守以上有关安全操作规程外，还应遵守蓄电池车的有关安全操作规程。

四、装载机安全操作规程

（1）按照装载机例行保养规范进行检查保养，确保各部分技术状况处于完好状态。

（2）起步前，应观察车辆周围，确认无妨碍行车的障碍后，方可鸣号起步。起步操作要平稳。

（3）气压式制动的气压表读数达到规定值方可起步。

（4）行驶前应取下前后车体安全连接杆，并妥善保管。

(5)行驶时,应保持动臂下铰点离地面 400 mm 以上,不得将铲斗举升到最高位置运送物料。

(6)行驶时,不得将铲斗起升过高。进出作业现场或行驶中,要注意上空有无障碍物刮碰。严禁将铲斗起升过高进行长距离载物行驶。

(7)行驶中,应避免急刹车和高速转弯。

(8)下坡时严禁熄火滑行。

(9)严禁横跨坡道行驶和在坡道上转弯。

(10)下坡向后行驶时,要减速慢行并利用发动机控制速度,中途不得换挡,必要时用制动器控制下坡速度。

(11)铲货前,车体前后应成直线,对正并靠近货堆,同时把铲斗平行接触地面,然后铲货。

(12)铲货时,要根据货物的阻力,选用适当的速度,铲斗插入货堆后,提升悬臂,同时把铲斗向后收,车体继续前进。

(13)为货车卸货时,操作要平稳,铲斗不得刮碰车厢。

(14)除散粮以外,不准用高速挡铲货。

(15)铲斗铲装货物应均衡,不准偏重装载货物。

(16)禁止边行驶边起升铲斗;禁止用铲斗举升人员从事高处作业;禁止驾驶员在铲斗悬空时离车;禁止超负荷作业;禁止在码头岸边直接用铲斗装卸船上的货物。

(17)起升的铲斗下面严禁站人或进行检修作业。若必须在铲斗起升时进行检修,应对铲斗采取支撑措施,并确保牢固可靠。

(18)停车后,应将铲斗平放在地面上,将换向操纵杆放至中央位置,拉好手刹车,并将前后车体安全连接杆安装好。

五、前置式翻斗车安全操作规程

(1)按照例行保养规范对车辆进行检查保养,确保各部分技术状况处于完好状态。

（2）起步前,应观察车辆周围,确认无妨碍行车的障碍后,方可鸣号起步。起步操作要平稳。

（3）在坡道上或路面不良时,一律一挡起步。

（4）严禁强行挂挡或换挡。

（5）下坡时,不准高速行驶。严禁脱挡高速滑行。

（6）行驶中,应避免急刹车和高速转弯。

（7）在狭窄环境中行驶应注意四周的安全,转弯时不得碰撞他物。

（8）载物高度不得遮挡驾驶员的视线。

（9）装载物料要均衡,不得有散落。严禁超标装载。

（10）在危险地带如坑、沟边缘以及土质松软地段卸料时,须设置安全挡板,车辆应提前减速行驶,至安全挡板处倒料。

（11）载运炽热炉灰须先浇水冷却。

（12）物料黏结在翻斗内壁上不易倒出时,应人工刮除,禁止利用高速制动惯性卸料。

（13）卸料后,须翻斗复位后再行驶。

（14）在有高处作业的施工现场行驶时,驾驶员须佩戴安全帽,不得驾车擅自出入安全封闭区域。

（15）翻斗的锁止机件应齐全完好,锁止机构的开启、锁止应灵敏、可靠。

（16）检车或修车时,变速杆置于空挡,并应采取制动、掩轮等措施。

六、蓄电池车安全操作规程

（1）按照蓄电池车例行保养规范进行检查保养,确保各部分技术状况处于完好状态。

（2）起步前,应观察车辆周围,确认无妨碍行车的障碍后,方可鸣号起步。起步操作应由慢渐快地平稳加速。

(3)在厂区、车间和作业现场内,应在规定的安全通道上行驶。

(4)低速行驶时间一般不宜超过 10 s。

(5)全速满载连续行驶时间不应超过 1 h。

(6)车辆不得接近火源;禁止在距机床、管道、熔炉、加热炉以及电气设备 0.5 m 以内的区域行驶。

(7)普通型蓄电池车不得在易燃易爆的场所行驶。

(8)在坡道上行驶,上坡坡度不得超过 3%,下坡坡度不得超过 8%。

(9)不得在雨中行驶。

(10)严禁顶推其他车辆。

(11)普通型蓄电池车严禁装载易燃易爆物品。

(12)严禁蓄电池叉车的行驶电动机和油泵电动机同时使用。

(13)蓄电池车的电器元件严禁接触金属物件;蓄电池的顶面严禁放置金属物件。

(14)在向制动总泵加注制动液时,必须切断电源并关闭所有开关。

(15)电气系统的元件如电线、过流保护装置等的规格不得任意更改或替代。

(16)蓄电池组的导线不得与车体接触。

(17)修车时,应切断总电源,并将换向操纵杆置于空挡,使制动器处于制动状态。

(18)蓄电池车停放处的温度应不低于零下 30℃。

七、自卸汽车安全操作规程

(1)遵守货运汽车安全操作规程。

(2)作业前,检查驾驶室内的起升警报器、指示灯及起升操纵装置、自动锁止与开启机构及液压工作系统的工作情况,确保各部分技术状况处于完好状态。

（3）装货时，车辆到位后，应拉紧手刹车。用装载机或吊车装货须越过驾驶室顶时，驾驶室内不得有人。

（4）物料装载要均衡，严禁超标装载。

（5）装载大、重货物时，货物不得卡在车厢栏板上。

（6）车厢内严禁载运人员。设有有效锁止安全保险装置的车辆可附载装卸人员 1～5 人，但须留有安全乘坐位置。载物高度超过车厢栏板时，货物上不准乘人。

（7）行驶中，不准升高车厢，以防刮碰空中障碍物。

（8）卸载时，应选好地形，与坑、沟边沿应保持安全距离；在危险地段卸车时，应有专人指挥。

（9）车厢起升卸载前，应检查上空、车后有无障碍物和人员，确认安全后方可起升卸载。

（10）必须在电线下起升车厢时，应有专人监护，并应保持足够的安全间距。

（11）卸载后，车厢应及时回位，不得边行驶边下落。

（12）不准在车厢起升状态下进行检修。如需在车厢起升状态下检修时，必须采取有效的支撑防护措施。

八、推土机安全操作规程

（1）按照例行保养规范对车辆进行检查保养，确保各部分技术状况处于完好状态。

（2）起步前，应观察车辆周围是否有人，履带上是否有物品，确认安全后，应低速、平稳起步。

（3）选择适宜的铲推路线，清理作业现场，保证车辆作业时无下陷、倾覆等危险。

（4）在向高坡（或坑、沟）推土接近边缘时，推土铲不得轻易提升，应挂上倒车挡后，再提铲倒车。

（5）推土机上坡行驶不得超过 25°，下坡行驶不得超过 35°。不得在坡度大于 10°的坡路上横向作业。

（6）下坡行驶不准空挡滑行，应减速慢行。

（7）严禁在陡坡上转弯。

（8）用推土机清除高于机体的建筑物、树木、电杆等时，应有安全防范措施，要选择好安全的进退路线后，方可作业。

（9）推铲坚硬或堆存过久的物料时，不得推铲过深。

（10）在高、散货堆作业时，应顺坡向平面推铲，禁止挖铲，以免货堆倒塌造成危险。

（11）夜间作业时，现场应有良好的照明。

（12）推土机在作业时，严禁人员上下。

（13）检修车辆时，应将推土铲着地。在推土机下面排除故障时，必须关闭发动机。推土铲悬空时，严禁探身在铲下进行检修。如必须在推土铲悬空时进行检修，应采取支撑防护措施，并确保牢固可靠。

（14）作业完毕，应将车辆停放于平坦地段上，并将推土铲落地。

九、挖掘机安全操作规程

（1）按照例行保养规范对车辆进行检查保养，确保各部分技术状况处于完好状态。

（2）起步前，应将铲斗放在车架上，收回长杆，插好平台与车架的固定插销，使支腿处于可靠的收回状态，固定好回转台，接通电源，确认各仪表指示正常。

（3）起步时，应观察车辆周围，如是履带车应查看履带上是否有物品，确认无妨碍行车的障碍后，方可鸣号起步。起步操作要平稳。

（4）下坡行驶时，严禁发动机熄火和空挡滑行。

（5）不准在斜坡路面上横向行驶。

（6）严禁在铲斗内载人、载物行驶。

（7）通过泥泞、冰雪、松软路面以及坡度较大的道路时，应使用前、后桥同时驱动。

（8）停机处的地面应平整、坚实可靠。

（9）铲斗回转半径范围内不应有其他设施妨碍铲斗作业。

（10）严禁铲斗回转半径范围内有人员停留。

（11）应尽量避免在高压输电线路下面作业。无法避免时，铲斗与高压输电线路间的安全距离应符合有关规定。

（12）若需挖掘机边移动边挖掘时，应选择无碍安全的挖掘路线，否则须采取安全措施后方可进行作业。

（13）作业时应将支腿支稳垫牢，将前后轮制动，并将平台周围无关物品清除干净。

（14）在开挖前应检查公用地下设施的位置，避免损坏地下管线。

（15）两台以上挖掘机同时作业时，应保持一定的安全距离，防止相互碰撞。

（16）在斜坡上作业时，要用绞盘钢丝绳将挖掘机拖住。

（17）铲斗落地和升起操作不得过猛；平台的启动、回转、停止等动作应缓慢平稳。

（18）卸料时，铲斗不得经越或停留在运输车辆驾驶室的上方，铲斗不得与车辆的任何部位接触。

（19）挖掘比较深的基槽、地沟时，机身离边口应不少于 3 m，需要时应用坚木垫实机身，方可进行作业。

（20）驾驶员离开操作台时，应将铲斗落地。

思考题

1. 正确的驾驶姿势是怎样的？

2. 为什么要保持正确的驾驶姿势？

3. 方向盘的正确握法是怎样的？

4. 怎样正确运用方向盘？

5. 运用离合器踏板时应注意哪些事项？

6. 怎样正确运用加速踏板？

7. 怎样正确运用变速杆？

8. 什么是预见性制动？

9. 预见性制动的操作程序是什么？

10. 什么是紧急制动？

11. 紧急制动的操作程序是什么？

12. 使用制动时应注意哪些事项？

13. 手制动拉杆的作用是什么？

14. 车辆起步时有哪些注意事项？

15. 如何正确地会车？

16. 让车时应遵守哪些规定？

17. 超车时应注意哪些事项？

18. 在哪些地点和情况下不准超车？

19. 转弯操作应主要注意哪些事项？

20. 后轮转向车辆转弯操作应注意哪些事项？

21. 如何利用支线调头？

22. 倒车时可采取哪些驾驶姿势？

23. 注视后方和侧方倒车时，应如何操作？

24. 如何选择倒车目标？

25. 直线倒车的操作方法是怎样的？

26. 转向倒车的操作方法是怎样的？

27. 在坡道上停车时，应采取什么措施？

28. 下坡时，如何正确驾驶车辆？

29. 拖带挂车起步时应如何操作？

30. 拖带挂车转弯时应如何操作？

31. 拖带挂车会车时应如何操作？

32. 哪些情况下严禁车辆滑行？

33. 夜间驾驶时如何识别与选择道路？

34. 夜间驾驶时应主要注意哪些事项？

35. 雨天行车应注意哪些事项？

36. 雾中行车应注意哪些事项？

37. 在冰雪道路上行车易产生的滑溜有哪几种？

38. 防止滑溜的方法主要有哪些？

39. 炎热气候中驾驶车辆应主要注意哪些事项？

40. 货运汽车安全操作规程的主要内容是什么？

41. 拖拉机安全操作规程的主要内容是什么？

42. 叉车安全操作规程的主要内容是什么？

43. 装载机安全操作规程的主要内容是什么？

44. 前置式翻斗车安全操作规程的主要内容是什么？

45. 蓄电池车安全操作规程的主要内容是什么？

46. 自卸汽车安全操作规程的主要内容是什么？

47. 推土机安全操作规程的主要内容是什么？

48. 挖掘机安全操作规程的主要内容是什么？

第五章 车辆维护与故障排除

车辆技术状况的好坏直接影响车辆行驶作业安全,欲保持车辆技术状况的良好,必须对车辆加强管理,合理使用,定期维护,计划修理。

第一节 车辆安全检查与维护

一、车辆安全检查

车辆在使用中,由于忽视对车辆各部分技术状况的认真检查造成车辆带病运行而发生的伤亡事故占车辆事故比例较大,因此,驾驶员应做好出车前、作业中、收车后的检查。"三检"的重点是影响车辆安全运行的转向、制动、信号(灯光)、牵引装置、工作装置等。对检查出的问题应按以下要求处理。

(1)出车前检查出有碍于行车作业安全的隐患,应修复后方能运行,对强令冒险作业有权拒绝。

(2)对行驶中检查出有碍于行车作业安全的要解决后方能继续运行,不得带病强行作业或违反规定行驶。

(3)收车后应对车辆全面检查擦拭,自修或报修故障。转向、制动装置修复后应进行检验。

二、车辆维护

车辆维护贯彻预防为主、强制维护的原则。保持车容整洁，及时发现和消除故障、隐患，防止车辆早期损坏。

车辆行驶作业到一定的里程或工作一定时间后进行一次技术维护的时间段称为维护周期。根据不同的维护周期而制定出的不同作业规范，称为维护分级。车辆的维护分为日常维护，一级维护，二级维护。各级维护的作业范围如下。

日常维护：是日常性作业，由驾驶员负责执行，其作业中心内容是清洁、补给和安全检查。

一级维护：由专业维修工负责执行，其作业内容除日常维护作业外，以清洁、润滑、紧固为主，并检查有关制动、操纵等安全部件。

二级维护：由专业维修工负责执行，其作业内容除一级维护作业外，以检查、调整为主，并拆检轮胎，进行轮胎换位。季节维护可结合定期维护进行。

车辆二级维护前，应进行检测诊断和技术鉴定，根据结果，确定附加作业或小修项目，结合二级维护一并进行。

各级维护作业项目和周期的确定，必须根据车辆结构性能、使用条件、故障规律、配件质量及经济效果等情况综合考虑，随着新工艺、新材料、新技术和新装备的采用，维护项目和周期可及时进行调整。

车辆修理贯彻视情节修理的原则，即根据车辆检测诊视和技术鉴定的结果，视情节按不同作业范围和深度进行车辆大修，总成大修。

1. 日常维护

日常维护是各级维护的基础，属于防范性的例行作业，以检查、清洁为中心。驾驶员在每天出车前、行车中、收车后检视车辆安全机构及各部件的紧固、密封情况。收车后进行打扫、清洁、补给作业和润滑必须润滑的部位。做到车体整洁，确保四洁（空气、燃油、机油、蓄电池的清洁)、四不漏(油、水、电、气的不漏),附件齐全,螺栓、螺母不松不缺,保持轮胎气压正常,制动可靠,转向灵活,润滑良好,灯光、喇叭正常等。

(1)日常维护的基本要求

认真做好日常维护是减少车辆磨损、消除隐患、保持车辆整洁及技术状况良好的重要环节,是各级维护的基础。日常维护基本要求是:

①坚持三检,即出车前、行车中、收车后检视,发动机、底盘应无异响。

②确保四洁,即保持燃油、机油、空气滤清器和蓄电池的清洁。

③保持紧固,即经常检查制动、转向轮胎钢圈等各部连接螺栓、螺母是否紧固。

④及时润滑,即车辆收车后,要对转向系统、制动系统、传动系统等各注油点加注润滑油。

⑤车容整洁,即经常保持车辆外表、车厢和驾驶室内、发动机等各部位整洁,及时放尽储气筒内的积水。

⑥装备齐全,即经常保持车辆装备、附件、随车工具等齐全完好。

(2)出车前、行车中、收车后检查的具体要求

①出车前,清洁汽车外表;检查门窗玻璃、刮雨器、室内镜、后照镜、门锁与升降摇手柄等是否齐全有效;检查水箱的水量、曲轴箱内机油量、制动液量(液压制动车)、燃油箱内储油量、蓄电池内电解液量等是否合乎要求,水箱盖、蒸汽引出管、燃油箱盖、加机油口盖、蓄电池加液孔盖是否齐全;检查行车执照、牌照、喇叭、灯光是否齐全有效;检查转向机构等各连接部位是否牢固可靠;检查轮胎气压是否合乎规定并清除胎纹内杂物;检查车轮轮毂轴承、转向节主销是否松动;检查方向盘自由转动量、离合器踏板及制动踏板的自由行程是否正常;检查钢板弹簧及其螺栓是否坚固有效;检查启动发动机有无异响及各仪表工作是否正常;检查是否漏水、漏油、漏气;检查车厢和货

物装载情况以及拖挂装置是否可靠；检查随车装备是否齐全；检查润滑分电器断电臂及凸轮。

②行车中，检查发动机和底盘有无异响和异常气味；检查离合器的工作情况；检查手制动、脚制动的工作情况；检查转向机构的工作情况；检查各仪表的工作情况。

途中停车，检查轮胎外表及气压，清除胎纹中杂物；检查有无漏水、漏油、漏气现象；检查制动器有无拖滞发热现象；检查转向机构、操纵机构等各连接部位是否牢固；检查拖挂装置是否安全可靠；检查货物装载是否安全可靠。

③收车后，清洁全车外表及驾驶室内部；检查有无漏油、漏水、漏气现象并补充燃油、润滑油、刹车油（液压制动车）；检查冷却系的情况，冬季注意放水；冬季气温过低时，蓄电池应进行保温；装有刮片式机油粗滤器的，应转动手柄 2～3 圈（如解放 CA10B 型）；检查各连接装置有无松动；检查钢板弹簧总成状况；检查轮胎气压状况并清除胎纹中杂物；将气制动储气筒内的气体放净并关好开关；检查拖挂装置是否安全可靠。

（3）日常维护三个阶段的作业内容

①检查燃油箱、散热器、机油盘、蓄电池液面是否正常，并检查其通气、通风效果。

②检查各部分是否有漏油、漏水、漏气、漏电现象，全车装备是否齐全完好。

③检查转向机件的连接紧固情况，行驶中注意其稳定性和灵活性。

④检查手、脚制动器及离合器的作用，放出储气筒中的积水。

⑤检查各机件的连接和紧固情况，钢板弹簧有无错乱、折断，拖挂连接是否牢固以及驾驶室、车厢的完好情况。

⑥注意听察发动机及底盘等各部机件的运转声响。

⑦检查仪表工作情况及喇叭、灯光、刮雨器的效果。

⑧检查轮胎外表及气压,视需要进行充气,清除双胎间和胎纹中的嵌石,检查轮胎螺母的紧固情况。

⑨每日收车后转动机油粗滤器手柄 2～3 转,视需要放出沉淀物。

⑩打扫车厢,清洗底盘,擦拭发动机及各部分机件与车辆外表。通过日常维护,使车辆达到车容整洁,确保机油、空气、燃油等滤清器及蓄电池的清洁,螺栓、螺母不松、不缺,油、水、电、气不渗、不漏,轮胎气压正常,制动、转向灵活可靠,润滑良好,发动机、底盘无异响,灯光、喇叭正常。

2. 一级维护

一级维护以润滑、紧固为中心。其主要作业内容为:检查、紧固车辆外露部位松动的螺栓、螺母,按规定的润滑部位加润滑脂,检查各总成内润滑油平面,补足润滑油,清洗各空气滤清器。

(1)清洁作业

①清洗车身及底盘,擦拭发动机。

②清除点火系统各部件的积炭和积垢,检查并调整电极间隙和触点间隙。

③检查和清洗化油器、汽油泵、喷油泵、喷油器、燃油滤清器、空气滤清器,清洗机油粗、细滤清器,清除积垢,排出油箱内的沉积物和储气筒内的油、水及污物。

(2)润滑作业

①检查并视需要向发动机、变速器、主减速器、转向器中加润滑油。

②车辆各部分油嘴配备是否齐全有效,按规定添加润滑油。

③润滑水泵、分电器、传动轴、传向拉杆球头销、离合器踏板轴等各活动部位。

(3)检查紧固作业

①检查和紧固发动机固定螺栓,检查车架、车身内外各连接螺栓

及各铆钉的紧固情况。

②检查离合器踏板和制动踏板的自由行程及方向盘的自由量，视需要予以调整。

③检查散热器、水泵及水管是否渗漏。

④检查制动阀、总泵、制动管道、气室分泵等的连接、固定和密封情况。

⑤检查轮胎外表及气压情况，视需要进行充气。

⑥检查发动机转动情况并听查有无异响。

（4）电气作业

①清除发电机、电动机上的污垢和尘埃。

②检查喇叭、灯光、信号设备和电气仪表的工作情况。

③检查电解液液面高度，视需要添加蒸馏水，疏通加液孔盖上的通气孔。

3．二级维护

二级维护以检查、调整为中心。其主要作业内容除实施一级维护的各项作业外，还应检查、调整发动机和电气设备，清洗机油盘及滤清器，检查调整转向系统和制动机构，拆洗并检查前、后轮毂轴承，添加润滑脂，拆检轮胎并进行换位。

4．蓄电池叉车的维护

（1）日常维护，由驾驶员执行，其规范分出车前、作业中、作业后三个阶段。

①出车前，检查报修项目是否完成、合格；检查行车、驻车制动是否良好；检查转向机构是否灵敏有效；检查起重链有无损伤，固定是否牢固；检查电动机固定螺栓及防护带是否牢固；检查减振板螺栓紧固情况；检查蓄电池组电解液是否充足；检查喇叭、照明及仪表是否正常；检查控制屏是否清洁、干燥；检查接触器分离情况及触头表面有无烧灼现象；检查主令开关对应小凸轮转动角的关合情况是否正

确;检查蓄电池组各连接线卡头是否紧固;检查电气线路各接线有无磨损、短路和松动;检查各操作手柄是否处于零位或空挡;检查轮胎压力是否标准。

②作业中,检查制动机构工作情况;检查转向机构工作情况;检查液压系统工作情况;检查电气控制系统工作情况;检查接触器有无粘连现象;听电动机有无异响;听减速器有无异响;听差速器有无异响;听油泵有无异响;闻电动机有无异味;闻电气线路和各导线有无异味。

③作业后,车外部清洁擦洗;清扫电气控制屏;用抹布蘸5％的碳酸钠或氢氧化铵溶液擦去蓄电池极柱及表面外溅电解液;检查有无渗漏电解液现象并及时排除;检查有无漏油现象并排除;检查起重链、货叉、门架、护顶架是否有裂纹及损坏;检查蓄电池组电压及电解液密度,并视需要进行充电;作业中发现的异常现象和检查中发现的故障要及时报修。

(2)一级维护,由专业修理工负责,其作业规范如下:①检查紧固车辆全部外露螺栓、螺母。②检查各总成内润滑油液面,视需要添加润滑油。③检查控制屏各接头焊接处并进行紧固补焊。④检查接触器触头接触是否良好。⑤对蓄电池各卡头进行清洁、紧固。⑥清洁电动机外表及电刷架。⑦对全车各润滑部位加注润滑脂。

(3)二级维护,由专业修理工负责,除完成一级维护规定的作业项目外,其作业规范如下:①检查调整制动系统。②检查调整转向机构。③检查前后轮毂及轮胎,并进行轮胎换位。④调整电动机电刷弹簧压力,紧固刷架、刷握,更换轴承润滑油。⑤检查接触器,调整紧固弹簧、触头、导线等。⑥检查电气控制屏,紧固、焊牢、更换部分电子器件及导线。⑦检查减速器、联轴节。⑧检查蓄电池并进行充电。⑨更换各总成内润滑油。⑩检查喇叭、照明及仪表。

第二节 车辆常见故障的诊断与排除

车辆在使用过程中,会因为车辆的零部件磨损和锈蚀,道路、作业环境、气候等因素影响,燃料的质量影响及维护修理不及时等,造成车辆的动力性、经济性、可靠性下降,出现一些故障。故障发生后,如不及时排除,不仅会加速机件磨损、缩短车辆使用寿命,还会发生重大的安全事故。因此对车辆出现的故障,要准确判断、及时排除,才能保持车辆经常处于良好的技术状态。

对车辆故障的诊断方法,目前有两种:一种是人工直观诊断;另一种是依靠仪器的不解体检验法。

仪器诊断具有迅速、准确,还可以发现故障隐患等优点。它是可以在总成不解体条件下,用测试仪器及检验设备来确定车辆的技术状况和故障,并以室内道路条件模拟机械设备来代替路试的一种科学方法。

人工直观诊断则需要通过道路试验和直观检查,通过眼看、耳听、手摸、鼻嗅以及试车搞清故障征象,然后具体问题具体分析,经过筛选、剔除、推理分析等来确定车辆的技术状况和故障。这种诊断方法具有不需要或少量需要专用设备,投资少的优点,但需要人员具备很丰富的实践经验。

本节重点对影响车辆行驶和作业安全的转向系、制动系、照明信号装置、蓄电池车的特殊装置及叉车工作装置的故障和诊断排除予以介绍。

一、转向系故障的诊断与排除

1. 转向沉重

(1)原因主要包括:①转向器轴承配合过紧。②啮合传动副(蜗杆与滚轮)啮合过紧。③横、主拉杆球头销装配过紧或缺油。④转向节主销与衬套配合过紧。⑤转向桥或车架弯曲变形。⑥转向装置润滑不良。⑦前束调整不当。

(2)诊断与排除措施如下：

①拆下转向臂,转动转向盘,如感觉沉重则应调整蜗杆轴承紧度及蜗杆与滚轮的啮合间隙。若有松紧不均或卡住现象,则应拆下转向轴,检查蜗杆、滚轮以及轴承有无损坏,转向轴与套管有无摩擦或卡住现象,必要时进行修理或更换。

②转动转向盘时,如感觉轻松,则故障在传动机构,应顶起前桥,并用手左、右扳动前轮,如过紧,应检查转向节主销与衬套,推力轴承与主、横拉杆球头销配合是否过紧,润滑是否良好,必要时进行调整和润滑。

③若上述情况均良好,则应检查前桥和车架是否变形,前束是否合乎标准,必要时进行调整、修理或更换。

2. 转向盘不稳

(1)原因主要包括：①转向器轴承过松。②啮合传动副(蜗杆与滚轮)间隙过大。③横、主拉杆球头销磨损松旷。④转向节主销与衬套磨损严重,配合间隙过大。⑤前轮毂轴承松旷。⑥前桥变形。⑦车架或轮辋变形。⑧前束过大。

(2)诊断与排除措施如下：

①一人转动转向盘,另一人在车下查看传动机构,如转向盘转了许多而转向臂并不转动,则故障在转向器本身。如果转向臂转动了许多而前轮并不偏转,则说明故障在传动机构。

②如果故障在转向器本身,应检查蜗杆轴承,蜗杆与滚轮的啮合间隙。必要时进行调整或更换。

③故障在传动机构,应检查转向臂和主、横拉杆各球头销是否松旷。必要时进行调整。

④经检查上述状况良好,应架起前桥,推动轮胎,检查转向节主销与衬套、前轮毂轴承是否松旷。必要时进行调整或修理。

⑤转向盘经过上述调整仍不稳时,应检查前桥、车架以及轮辋是否变形,前束是否符合规定。必要时进行校正、修理或更换。

3. 单边转向不足

(1)故障表现为:车辆左、右转向时,两边转向半径差距过大。

(2)原因主要包括:①转向摇臂在转向摇臂轴上位置装配不当。②导向轮转向角限位螺钉调整不当。③主拉杆弯曲变形。④前钢板弹簧骑马螺栓松动或中心螺栓折断。⑤中心不对称的前钢板弹簧装反。

(3)诊断这类故障,应根据产生原因及使用具体情况进行分析、排除。具体诊断和排除措施如下:

①若车辆原来转向良好,由于行驶中的碰撞而造成转向半径一边大一边小时,应检查主拉杆、前桥、前钢板弹簧有无变形和中心螺栓有无折断现象等,然后根据具体情况进行调整修理。

②若在维修后转向角不等,可架起前桥,检查转向摇臂是否装配正确。正确的安装顺序首先应将转向盘从一边的尽头转到另一边的尽头,记住转向盘转动的总圈数,再将转向盘反转过总圈数一半,从方向机上拆下转向摇臂,使前轮处于直行的位置,装上转向摇臂。若转向角不等仅是受到转向限位螺钉的影响,则应调整限位螺钉。

③对于中心不对称的前钢板弹簧,则应检视是否有一架钢板弹簧装反。

4. 液压助力器故障

(1)转向沉重

①表现为装有液压助力器的车辆本来转向是很轻便的,突然感到转向沉重或转向盘转不动。

②原因主要包括:油箱缺油、油液高度不足或滤油器堵塞;回路中有空气;进、出油管内孔阻塞;油泵磨损、内部泄漏严重、驱动皮带

打滑或驱动齿轮键磨损；动力缸或分配阀密封件损坏；各油管接头泄漏。

③诊断与排除措施如下：

a. 检查驱动油泵的装置技术状况及工作是否正常，如不正常应予调整或修理。

b. 检查转向器、分配阀、油泵、动力缸、各油管接头等有无渗漏。

c. 检查油箱中的油质及油平面，若发现油中有泡沫，可能是油路中有空气，此时将油加足，架起前桥或拆下主拉杆，启动发动机怠速运转，反复多次将转向盘从一个尽头转到另一个尽头，使动力缸做全行程往复运动多次，逐步排出油路中的空气，最后加添油液至规定高度。

d. 检查油泵、安全阀、动力缸是否良好。接上与规定油压相适应的压力表和开关，打开开关，转动方向盘到尽头，启动发动机低速运转。若油压表读数达不到各车型规定值，且在逐步关闭开关时，油压也不提高，说明油泵有故障或安全阀未调整好。若油压表读数达到规定值，在逐步关闭开关时压力有所提高，说明油泵良好，故障在动力缸或分配阀。

（2）车辆直线行驶中转向时发飘或跑偏

①表现为车辆直线行驶时，难以保持直线方向，总向一边跑偏。

②原因主要包括：分配阀反作用弹簧损坏或太软，难以克服转向器逆传动阻力，使滑阀不能及时回位；因油液脏污使滑阀运动受到阻滞；由于滑阀与阀体台阶位置偏移，使滑阀不在中间位置；流量控制阀卡住，使油泵油压过大，或油压管道布置不合理，造成油压系统管道节流损失过大，使动力缸左右腔压力差过大。

③诊断与排除措施如下：首先应检查油液是否脏污。新车或大修车不认真执行走合维护的换油规定，往往使油液脏污。而对于使用较久的车辆，则可能是流量控制阀或分配阀反作用弹簧失效所致。可在不启动发动机的情况下，转动转向盘，凭手感判断滑阀是否开启

运动自如。若有怀疑，应拆卸检查或更换。

（3）左右转向轻重不同

①表现为车辆行驶中左右转向轻重不同。

②原因主要包括：分配阀的滑阀偏离中间位置，或虽在中间位置但与阀体台肩的缝隙大小不一致；滑阀有脏物阻滞，使左右移动时阻力不一样；调整螺母调整不当。

③这类故障多数是油液脏污所致，应换新油。如果油液良好，对于可调式分配阀，应将调整螺母重新调整，或拆开分配阀检查缝隙台肩是否有毛刺、滑阀位置是否居中等。

（4）快转向时感到转向盘沉重

①表现为车辆行驶时，慢转向时情况尚可，急转时感到沉重。

②原因主要包括：油泵驱动装置有时失效；流量控制阀弹簧过软；安全阀、流量控制阀泄漏严重；油泵磨损严重；油泵选型不对，使供油不足。

③这种故障多数系供油量不足所致。因此，除应先检查油泵驱动装置是否失效、油箱贮油是否符合规定外，还应架起前桥，接上压力表及开关，进行快慢转向试验。同时变更发动机转速进行试验。根据压力变化做出诊断并采取相应的措施。

（5）转向时有噪声

①表现为转动转向盘时油泵出现噪声。

②原因主要包括：油箱中贮油不足，油泵在工作时容易吸进空气，或油泵驱动装置失效；油路中有空气进入；滤油器滤网堵塞或油管堵塞；各管路接头松动或油管破裂；油泵损坏或磨损严重。

③转向时，油泵出现噪声。首先应检查油箱液面高度和油泵驱动装置工作是否良好。查看油液中有无泡沫，倘有泡沫，应查找漏气处。若无漏气，则可能是油路有堵塞、油泵磨损或损坏，应视情况修理或更换。

二、制动系故障的诊断与排除

1. 液压制动系常见故障

(1)制动失效

①表现为车辆行驶中,使用制动时不能减速和停车。

②原因主要包括:制动总泵内无制动液或制动液不足;总泵皮碗损坏;制动机械连接部位脱开;制动油管破裂或接头漏油。

③连续踏下制动踏板,踏板不升高,同时又感到无阻力,应先检查总泵内是否缺少制动液,再检查制动油管和接头有无漏油之处。如有漏油之处,应进行修理或更换;如无漏油,应检查各机械连接部位有无脱开。若上述情况良好,则应分解总泵,检查皮碗及活塞的工况,必要时进行修理或更换。

(2)制动不灵

①表现为车辆行驶中,将制动踏板踏到底,仍不能停车和迅速减速,继续滑行。

②原因主要包括:制动管路或制动分泵内有空气;制动踏板自由行程过大;制动总泵阀门损坏或补偿孔和通气孔堵塞;总泵、分泵皮碗、活塞及缸筒磨损过甚;油管或接头漏油;摩擦片与制动鼓间隙过大;摩擦片表面硬化、铆钉露头或有油污;制动鼓失圆。

③诊断与排除措施如下:

a. 当踏下制动踏板时,位置很低,再连续踏踏板时,踏板能逐渐升高,但不够坚实,并且制动效果不好。这说明制动系内进入空气,应予以排除。

b. 一脚制动不灵,连续踏下制动踏板时,踏板位置逐渐升高,感到坚实,并且制动效果良好。这说明踏板自由行程过大或摩擦片与制动鼓间隙过大,应先检查调整踏板自由行程,再调整摩擦片与制动鼓之间的间隙。

c. 若连续踏下踏板,踏板位置能升高,但继续往下踏,有下沉感觉。

这说明制动系中有漏油之处或总泵阀门关闭不严,应进行检查修理。

d. 当踏下踏板时,踏板位置很低,再连续踏踏板,踏板位置还不能升高。一般为总泵通气孔或补偿孔堵塞,应检查并疏通。

e. 当踏下踏板时,踏板自由行程及高度合乎要求,也不软弱下沉,但制动效果不好,则为车轮制动器的故障,可能是摩擦片硬化、铆钉露头、油污、制动鼓失圆等原因。此时应检修车轮制动器,必要时光磨制动鼓。

f. 制动液质量不好,易受热蒸发,导致油管凹陷或堵塞。

(3)制动跑偏

①表现为制动时,两边的车轮不能同时制动,或一边车轮制动,另一边车轮转动,造成车辆不能沿直线方向行车。

②原因主要包括:左、右车轮摩擦片与制动鼓的接触面和间隙大小不一致。左、右制动鼓直径相差太大;个别车轮摩擦片有油污、硬化或铆钉外露现象;左、右车轮摩擦片材料不一样;个别分泵内有空气,活塞运动受阻,皮碗发胀或油管堵塞;左、右车轮制动蹄回位弹簧拉力相差太大,左、右轮胎气压高低不一;个别制动鼓失圆。

③诊断与排除措施如下:

a. 行驶中,使用制动时车辆向一侧偏斜,即另一侧的车轮制动不灵。

b. 停车后查看两边车轮在路面上的拖印,拖印短或无拖印的一边车轮的制动不灵。

c. 当确定某个车轮制动不灵后,应调整摩擦片与制动鼓之间的间隙,排出制动分泵内的空气。如仍不灵时,则应分解车轮制动器,检查分泵活塞和皮碗的状态,以及油管是否畅通,找出故障所在部位,进行必要的修理或换件。

d. 经过上述修理后,该车轮制动仍不理想,则可以光磨制动鼓、更换摩擦片。

(4)制动拖滞

①表现为车辆制动后,抬起制动踏板,摩擦片与制动鼓仍能接

触,致使车辆起步困难、行驶无力、制动鼓发热。

②原因主要包括:制动踏板没有自由行程或回位弹簧过软、折断;制动总泵皮碗、皮圈发胀,回位弹簧无力,致使皮碗堵住平衡孔不能回位;摩擦片与制动鼓间隙过小或制动蹄回位弹簧失效;分泵皮碗发胀或活塞受阻运动不灵。

③诊断与排除措施如下:

a. 车辆行驶一段路程后,用手接触各车轮制动鼓。若全部制动鼓均发热超过正常温度,说明故障在制动总泵;若个别车轮发热,则故障在该车轮制动器。

b. 如故障在制动总泵,应首先检查踏板自由行程,若自由行程合乎要求,可将总泵贮油室盖打开,并连续踏下和放松制动踏板,看其能否正常回油。如不能回油,则为回油孔堵塞;如回油缓慢,则是皮碗、皮圈发胀或回位弹簧无力,应将总泵分解检查并修理,同时也要观察踏板回位情况,如不能迅速回位,说明制动蹄回位弹簧过软或折断,应进行更换。

c. 如故障在车轮制动器,应先拧松分泵放气螺钉。若制动液急速喷出,制动蹄回位,则为油管堵塞招致分泵不能回油,应疏通油道。如果制动蹄仍不能回位,则应调整摩擦片与制动鼓之间的间隙。

d. 经上述检查调整仍无效,应拆下制动鼓,检查分泵活塞、皮碗及制动蹄回位弹簧的状态,进行必要的修理或更换。

2. 气压制动系常见故障

(1)制动失效

①表现为车辆行驶中使用制动时,不能减速和停车。

②原因主要包括:贮气筒内无压缩空气或气压不够;制动控制阀的进气阀不能打开或排气阀不能关闭;气管堵塞、制动控制阀膜片或制动气室膜片破裂漏气。

③诊断与排除措施如下:

a. 首先检查气筒内压缩空气压力,如没有压缩空气或气压不够,应查找有无漏气之处。若无漏气,则为空气压缩机的故障,应检修空气压缩机。

b. 如果空气压缩机正常,踏下或抬起制动踏板时又无放气声音,一般为贮气筒至控制阀的进气阀之间气道堵塞或进气阀不能打开,应疏通管道或检修控制阀。

c. 如踏下制动踏板,有漏气声音,则是排气阀关闭不严或气管、制动室膜片破裂漏气。应查明漏气原因并修复。

(2)制动不灵

①表现为车辆行驶中,将制动踏板踏到底后,仍不能立即停车或减速,继续滑行。

②原因主要包括:贮气筒内气压不足;制动踏板自由行程过大;控制阀和制动气室膜片破裂或损坏;气管破裂或接头松动漏气;制动调整臂蜗杆调整不当及制动气室推杆行程过长;制动蹄片与制动鼓间隙过大。

③诊断与排除措施如下:

a. 启动发动机,中速运转数分钟,查看贮气筒内气压能否达到标准。如气压不足,将发动机停止运转;如气压短期内不明显下降,说明故障在空气压缩机,则首先检查空气压缩机传动皮带是否过松或折断,如良好,再检查空气压缩机至贮气筒一段气管是否漏气,如均良好,应检修空气压缩机。

b. 发动机处于运转状态,未踩制动踏板时,贮气筒内气压不能升高,而当发动机熄火后,气压又不断下降,则判定为空气压缩机至控制阀之间的气道漏气。

c. 贮气筒内气压符合标准。若踩下制动踏板,气压不断下降,则为控制阀至各制动气室之间有漏气处,或制动气室膜片漏气。如无漏气,则应检查制动踏板自由行程以及摩擦片与制动鼓之间的间隙,找出故障部位,进行必要的调整或修理。

(3)制动跑偏

①表现为:制动时,两边车轮不能同时起制动作用,甚至一边车

轮制动,另一边车轮转动,造成车辆不能沿直线方向停车。

②原因主要包括:左、右车轮摩擦片与制动鼓间隙、接触面积大小不一致,制动鼓直径相差太大;个别车轮摩擦片有油污、硬化现象或铆钉外露;个别制动气室推杆弯曲变形、膜片破裂、气管或接头漏气;个别车轮的制动凸轮轴被卡住或动作阻力过大;各车轮制动蹄回位弹簧拉力相差太大;个别制动鼓失圆。

③诊断与排除措施如下:

a. 行驶的车辆使用制动时,如向一侧偏斜,则为另一侧制动不灵所致。

b. 发现某车轮制动不灵时,一人踩住制动踏板,另一人检查该车轮制动气室、气管或接头有无漏气。有漏气之处,则应进行修复;若没有漏气处,应检查制动气室推杆伸缩情况,查看是否有弯曲、变形或卡住现象;左右推杆工作行程应基本相同,否则应予调整。

c. 如上述良好,可将该车轮架起,从制动鼓检视孔观察摩擦片是否有油污、测量间隙是否正常。如均良好,可踩下制动踏板,并迅速抬起,查看制动蹄是否迅速回位。若不能迅速回位,多为制动蹄回位弹簧拉力不足、凸轮轴卡住或受阻,应进行修理或更换。

d. 如上述检查和调整无效时,应拆下制动鼓,检查其是否失圆、摩擦片是否磨损过甚或硬化、铆钉是否外露、制动蹄回位弹簧拉力是否符合要求,以及调整臂凸轮轴转动是否灵活。检查后,根据具体情况进行修理或换件。同轴车轮制动摩擦片一般要用相同材料。

(4)制动拖滞

①表现为车辆制动后,抬起制动踏板,摩擦片与制动鼓仍在接触,不能及时、彻底地解除制动,致使车辆起步困难、行驶无力、制动鼓发热。

②原因主要包括:制动控制阀控制臂与排气阀的行程调整不当或排气阀弹簧折断,使排气阀门不能完全打开;制动气室推杆伸出过长或因弯曲、变形而卡住;制动凸轮轴运动不灵活;制动蹄回位弹簧

过软或折断；摩擦片与制动鼓间隙过小；制动气室有水而卡住，使制动气室的膜片不能回位。

③诊断与排除措施如下：

a. 当车辆行驶一段路程后，用手接触制动鼓，如均发热，则断定为全部车轮拖滞。此时，可踏下制动踏板并迅速抬起，如制动灯不灭，排气阀不排气或排气很少或间断地排气，则为控制阀的故障。这是由于踏板自由行程过小、排气阀门调整不当、弹簧折断或卡住所造成的，应调整检修制动控制阀。

b. 个别制动鼓发热，则为此轮制动器拖滞。此时一人在车上踩、放制动踏板，一人观察该轮制动气室推杆伸缩情况。如不能及时回位，应检查是否伸出过长、卡住或制动气室弹簧折断，或摩擦片磨损过甚引起凸轮顶足不能回位。必要时可拆下分解检修。

c. 经上述检查调整仍拖滞时，可将车轮架起，检查摩擦片与制动鼓间隙是否过小，如间隙合适，再检查制动蹄回位情况，如不能回位，则为回位弹簧失效，应予更换。

三、照明、信号装置故障的诊断与排除

此类装置出现故障比较直观，诊断排除也较为简单，但因其直接影响行驶和装卸作业安全，驾驶员应引起足够的重视。详见表 5-1。

表 5-1　照明、信号装置故障的诊断与排除方法

故障现象	故障原因	排除方法
灯具全部无电	电源线有断路	检查修复
两侧前小灯不亮	线路有故障	检查熔丝、灯泡
转向灯不亮	线路有故障	检查熔丝、闪光器及灯泡
前大灯、仪表灯、车牌灯等不亮	线路有故障	检查熔丝、脚踏变光开关
倒车灯、驾驶室大灯不亮	线路有故障	检查熔丝、灯泡
顶灯不亮	线路有故障	检查熔丝、灯泡

四、蓄电池电动机电气控制系统故障的诊断与排除

蓄电池电动机电气控制系统故障的诊断与排除方法见表 5-2。

表 5-2　蓄电池电动机电气控制系统故障的诊断与排除方法

故障现象	故障原因	排除方法
旋合电锁后，电流表无反应，指示灯也不亮	电锁接触不良，导线脱落，熔断器烧坏；接触器控制线断	用万用表的欧姆挡对可能发生故障的部位，逐个进行检查，对查出的故障进行修理、更换、连接
换向接触器不吸合	主晶闸管损坏；导线断路或短路；继电器接触不良或损坏；接触器触头接触不良	更换元件；修换继电器；检修触头；整修导线等
放松调速踏板后，车速不减	对于电阻式调速车来说，多因接触器触头灼烧严重，动触头与静触头粘连等。对晶闸管调速车来说，多因主晶闸管关不断所致	用细锉将触头锉光，注意不要多锉；不要改变原来形状，使接触面积达 60% 以上，并应处理光滑、清洁。检查触发线路、密勒积分线路、施密特触发器电路有无故障，检验继电器是否失灵
踏下主令控制器踏板，接触器接合但行驶电机不转，以至全联接触器接通后，电机仍不转	电动机损坏（绕组严重短路、断路）；电刷卡住或接触不良；控制线路不通；接触器触头接触不良；换向片间短路等	更换电动机，修理个别部位。若触头接触不良应清洁、修磨，更换研磨炭刷、接线等
变速控制失灵	主令开关凸轮与微动开关错位；回位弹簧失效	调整凸轮与微动开关的位置；调整或更换弹簧；检查和排除踏板有无被卡现象
加速或回复时跳闸	接触器触点接触不好；导线接触不良；补充充电回路断路，无供电回路	检查触点；整修导线；接通补充充电回路和供电回路

续表

故障现象	故障原因	排除方法
电动机运转速度慢	电阻调速电动机的绕组短路、断路；接地或电刷位置不对；电压不符；过载等。晶闸管调速电动机的副晶闸管损坏；调速踏板转轴凸轮位置不正	检修电动机，检查接地、电刷位置；更换副晶闸管；调整转轴凸轮位置；减载运行
乱挡（车速与操纵的不一致）	主令开关接触不良；直流接触器触头灼烧后接触不良；电阻片短路；控制回路失灵	整修主令各微动开关；整修接触器、电阻片和导线
油泵电动机不转	微动开关损坏；操纵手柄和开关位置不正；开关线断；接触器接触不良；电动机损坏等	调整操纵手柄和开关位置；处理各接头；整修接触器、开关和电动机
电刷跳火	电刷接触不良；换向器表面高低不平；云母片凸露；电枢绕组短路、接反；磁极绕组短路、断路或搭铁	检修各故障部位
电动机温度过高	超载运行；轴承及油封过紧或损坏；润滑不良；电枢与磁极摩擦；绕组短路、接地；电刷压力过大，电刷位置不正，整流不良；电动机紧固螺丝松动造成电动机轴与减速器主动齿轮轴轴线不一致	减速运行；检修各故障部位
电动机运转时有异响	轴承损坏；换向器表面不平；电刷振动	更换轴承；检修故障各部位

五、叉车工作装置故障的诊断与排除

内燃叉车和蓄电池叉车故障的诊断与排除方法见表 5-3。

表 5-3　内燃叉车和蓄电池叉车故障的诊断与排除方法

故障部位	故障现象	故障原因	排除方法
1. 油泵	1. 液压系统压力不足	零件磨损太大	拆开油泵进行检查,修理或更换磨损的零件
	2. 泵中有敲击声或噪音	轴承损坏,齿轮刮泵体	拆泵检查,如轴承损坏须更换
	3. 供油不足或断油	1. 油泵吸油管路变形通道变小,或吸油管堵塞 2. 轴承损坏,齿轮刮泵体造成间隙过大、内漏严重 3. 轴承、齿轮损坏,齿轮与泵体卡死	1. 清除堵塞污垢或更换新的管路 2. 轻者更换轴承,严重者需要更换齿轮泵
2. 多路换向阀	液压系统的压力不足,即当操纵多路换向阀手柄时起升或倾斜无力或动作迟缓	1. 多路换向阀安全阀的压力调整过低 2. 安全阀弹簧损坏或产生永久变形 3. 阀的锥形面损坏 4. 控制阀杆与孔的磨损严重	1. 用压力表检查液压系统的压力。若压力不足应调整安全阀,使其压力在液压系统内达到 $120\ kgf/cm^{2(1)}$ 2. 检查弹簧,必要时换新的 3. 重新研磨阀或阀体锥面 4. 检查阀的内漏情况,内漏严重,则换新阀杆或将阀杆镀铬重新配置
3. 转向助力器	方向盘转动费力或转不动	1. 助力器与车架碰撞 2. 助力器失灵 (1)安全阀的调整压力太低 (2)安全阀弹簧损坏或产生永久变形 (3)安全阀锈蚀、卡住或阀座损坏 (4)助力器油泵发生故障	1. 检查是否有碰撞现象。若已碰撞则应把其位置调准,并紧固各点,若活塞杆已弯曲则换新 2. 排除助力器故障 (1)重新调整安全阀的调整压力 (2)更换新弹簧 (3)拆开检查,必要时更换新的 (4)检查、清除油泵故障

注:(1)1 kgf/cm² =98. 07 kPa。

续表

故障部位	故障现象	故障原因	排除方法
3. 转向助力器	方向盘转动费力或转不动	(5)活塞杆或活塞与油缸卡住 (6)滑阀与多槽套卡住 (7)耐油橡胶密封损坏 (8)滑阀弹簧损坏	(5)将车顶起使转向轮离地,先检查转向拉杆有无毛病,然后转动方向盘看其能否工作,如若不能则应拆下助力器进行检查,并消除故障 (6)拆下修理或更换 (7)更换 (8)更换
4. 工作油缸	油缸漏油;升降倾斜困难;柱塞下降太快;起升和倾斜时均不工作	1. 密封圈损坏或磨损 2. 柱塞与导环卡住或活塞弯曲 3. 节流阀不起作用 4. 差压阀小孔被污物堵塞 5. 油泵供油断绝	1. 更换 2. 若卡住可修理或更换;若弯曲则可校直或更换 3. 拆检节流阀,若损坏应更换 4. 拆开安全阀清除污物;并保持油液清洁 5. 按油泵故障检查并排除
5. 液压系统	转向轮不能转向或转向费力	1. 助力器失灵 2. 助力器油泵发生故障	1. 见助力器故障 2. 见油泵故障
	多路换向阀的操纵阀推不动或费力	1. 滑阀被卡住 2. 阀端的弹簧损坏或脱落	1. 见多路换向阀故障 2. 更换
	门架自发倾斜	1. 倾斜油缸的密封被损坏 2. 多路换向阀内漏严重	1. 更换 2. 修理或更换
	起重货物无力	1. 油泵失效 2. 升降缸密封损坏 3. 多路换向阀安全阀失灵 4. 管路漏损	1. 见油泵故障 2. 更换密封件 3. 见多路换向阀故障 4. 检查管路,必要时更换,若接头松动,则应拧紧

思考题

1. 车辆"三检"中查出的问题应如何处理？
2. 车辆"日常维护"有哪些基本要求？
3. 车辆故障诊断的方法有哪几种？各有什么特点？
4. 车辆转向沉重的主要原因是什么？
5. 车辆左右转向轻重不同的原因是什么？如何诊断和排除？
6. 液压制动失效的原因是什么？如何诊断和排除？
7. 气压制动失效的原因是什么？如何诊断和排除？

第六章　车辆防火安全

机动车辆在驾驶操作和维修过程中,由于操作人员违反安全操作规程、设备故障及缺乏相应的防火防爆知识等原因,存在发生机动车辆的燃料和电器设备着火的可能性。因此,企业内机动车辆作业人员必须掌握防火防爆的基本知识,遵守防火规章制度,避免发生机动车辆的火灾爆炸事故。

第一节　防火基本知识

一、燃烧

燃烧是可燃物质与氧化剂发生伴有发光放热的一种激烈的化学反应。

1. 燃烧的条件

燃烧必须具备的三个条件是可燃物质、助燃物质和火源。

(1)可燃物质:能与氧或其他氧化剂起剧烈反应的物质,称为可燃物质。如木材、纸张、棉花、汽油、酒精、氢气、乙炔气、液化石油气等。

(2)助燃物质:能帮助和支持燃烧的物质称为助燃物质。如空气(氧气)、高锰酸钾等氧化剂。

(3)火源:能引起可燃物质燃烧的热源称为火源。如明火、电火花、摩擦热、撞击热、化学能、聚焦的日光等。

以上三个条件必须同时存在,相互作用,燃烧才能发生。

2. 燃烧的形式

可燃气体、液体和固体(包括粉尘等)在空气中燃烧时,可以分成扩散燃烧、蒸发燃烧、分解燃烧和表面燃烧四种形式。

(1)扩散燃烧:是指由于可燃气体分子和空气分子相互扩散、混合,当浓度达到燃烧极限时,在外界火源作用下,形成火焰,并使燃烧继续下去的现象。如氢、乙炔等可燃气体从管口等处流向空气时所引起的燃烧。

(2)蒸发燃烧:是指由于液体蒸发产生的蒸气被点燃着火后,形成的火焰温度进一步加热液体表面,从而加速液体的蒸发,使燃烧继续下去的现象。如酒精、汽油等易燃液体燃烧。萘、硫黄等虽在常温下为固体,但在受热后会升华或熔化而蒸发,同样能够引起蒸发燃烧。

(3)分解燃烧:是指在燃烧过程中伴随着热分解现象的燃烧。如木材、煤、纸张、油脂等高沸点可燃物的燃烧及低熔点的固体烃、蜡等的燃烧均属分解燃烧。

(4)表面燃烧:是指可燃物表面与空气接触的部位,被加热后发生燃烧,并将热量传递给可燃物下一层,使燃烧继续下去的现象。如炭、箔状或粉状金属铝、镁等的燃烧属于表面燃烧。

3. 火灾

在生产过程中,凡是超出有效范围的燃烧称为火灾。例如在机动车辆维修中,利用电气焊修补油路管或油箱渗漏时,高温电弧或金属熔渣将周围的可燃物(汽油、柴油、油棉纱等)引燃,从而使车辆烧毁,导致人员烧伤等,这就是超出了电气焊作业的有效范围。

4. 闪燃、燃点及自燃

(1)闪燃:是指易燃或可燃液体挥发出来的蒸发与空气的混合物,遇火焰或炽热物体时,发生瞬间火焰或闪光的燃烧现象。由于闪燃瞬间，新的易燃或可燃液体蒸气来不及补充，其与空气的混合浓度还不足以构成持续燃烧的条件，所以闪燃瞬间熄灭。

产生闪燃的最低温度叫闪点。闪点越低的液体，火灾危险性越大。因此，闪点是衡量可燃液体危险性的一个重要参数。几种常见液体的闪点见表 6-1。

表 6-1　几种常见液体的闪点

液体名称	闪点（℃）	液体名称	闪点（℃）
标准汽油	＜−20	二甲苯	25
丙酮	−17	松节油	30
苯	−14	煤油	28～45
甲苯	6	樟脑	66
甲醇	7	柴油	60～110
乙醇	11	桐油	239

通常把闪点低于 45℃ 的液体叫易燃液体。易燃液体比可燃液体的火灾危险性大，易燃液体与可燃液体又分别根据其闪点的高低分为两类四级。易燃液体和可燃液体的分类分级见表 6-2。

表 6-2　易燃液体和可燃液体的分类分级

类别	级别	闪点（℃）	分级举例
易燃液体	1	≤28	汽油、苯、甲醇、乙醇、乙醚、甲苯、丙酮等
	2	28～45	煤油、松节油等
可燃液体	3	45～120	柴油、乙二醇等
	4	＞120	润滑油、甘油、桐油等

（2）燃点：是指火源接近可燃物质能够使其燃烧的最低温度，燃点也叫着火点。

燃点低的物质比燃点高的物质容易着火。几种物质的燃点见表 6-3。

表 6-3　几种物质的燃点

物质名称	燃点(℃)	物质名称	燃点(℃)
黄磷	34～60	漆布	165
松节油	53	蜡烛	190
樟脑	70	布匹	200
煤油	86	豆油	220
橡胶	120	烟叶	222
纸张	130	松木	250
棉花	150	无烟煤	280～500

（3）自燃：是可燃物质在无外界火源的直接作用时,常温中自行发热,或由于物质内部的物理化学、生物反应过程中产生的热量,使其达到燃烧温度而发生自行燃烧的现象。

可燃物质在没有外界火源直接作用的条件下,能自行燃烧的最低温度称为自燃点。物质的自燃点越低,发生火灾的危险性就越大,所以,掌握物质的自燃点对避免火灾具有重要的现实意义。几种可燃物质的自燃点见表 6-4。

表 6-4　几种可燃物质的自燃点

物质名称	自燃点(℃)	物质名称	自燃点(℃)
黄磷	34～45	沥青	280
纸张	130	重柴油	300～330
赛璐璐	140	木炭	350
棉花	150	轻柴油	350～380
布匹	200	煤油	380～425
松香	240	煤	400
木材	250	汽油	415～530

二、爆炸

物质发生一种急剧的物理或化学变化,能在瞬间放出大量能量的现象,称为爆炸。主要由化学反应或核反应引起,爆炸时,温度和压力急剧升高,产生爆破和推动作用。

1. **爆炸分类**

爆炸分为物理性爆炸和化学性爆炸两大类。

(1)物理性爆炸。由于物理原因引起的爆炸属于物理性爆炸,如蒸汽锅炉、受压容器或高压气瓶的爆炸。这类爆炸是由于设备内部物质的压力超过了设备所能承受的压力而引起的。

(2)化学性爆炸。由于物质发生迅速的化学反应,产生高温高压而引起的爆炸属于化学性爆炸。这类爆炸在化学变化的过程中伴随着物理变化,如产生高温、高压等。化学性爆炸可分为以下五种。

①混合气体的爆炸。在可燃气体中,除了氢、天然气、乙炔、煤气、液化石油气外,还包括汽油、苯、甲苯、乙醚等可燃液体蒸气。在助燃气体中,除空气外,还有氧、氯、氟等气体。如果可燃气体和助燃气体在一定比例范围内混合,遇火源就会引起混合气体爆炸。

②气体分解的爆炸。乙炔、环氧乙烷、乙烯等气体分子在分解反应时所产生的热量,有可能点燃气体,导致气体分解的爆炸现象。

③粉尘的爆炸。可燃固体的粉尘或可燃液体的雾状飞沫,如果分散在空气或助燃气体中,当达到一定浓度时,就会像爆炸混合气体那样,遇火源发生爆炸。

④混合危险物品的爆炸。混合危险物品引起的爆炸,一般是在强氧化性物质和还原性物质相混合时发生的。如黑炸药(硝酸钾、硫黄、木炭粉)、液氧炸药(液氧、炭粉)等都是由氧化性物质和还原性物质混合组成的。

⑤爆炸性化合物的爆炸。爆炸性化合物的爆炸大多数属于炸药的爆炸。

2. **爆炸极限**

可燃物质与空气形成的混合物达到一定浓度时,遇到火源就会发生爆炸。这个混合物浓度范围,叫作爆炸极限。该浓度范围的最低浓度叫作爆炸下限;最高浓度叫作爆炸上限。爆炸极限通常用可燃气体、易燃气体和可燃液体的蒸气或可燃粉尘在混合物中的体积百分比来表示,也可用每立方米或每升混合物中含有可燃物质的克数来表示。几种可燃液体与气体的爆炸极限见表 6-5,几种粉尘的爆炸下限见表 6-6。

表中的混合物只有其浓度在爆炸浓度范围以内(即在爆炸上、下限之间)时,才有发生爆炸的危险。如果混合物的浓度低于爆炸下限或高于爆炸上限,遇到火源,就不会发生爆炸。

表 6-5　几种可燃液体与气体的爆炸极限

物质名称	爆炸极限(%)		物质名称	爆炸极限(%)	
	下限	上限		下限	上限
柴油	0.6	5	苯	1.5	9.5
车用汽油	0.79	5.16	乙炔	1.53	82
松节油	0.8	62	乙醚	1.85	35.5
二氧化硫	1.0	60	酒精	3.5	18
甲苯	1.2	7	氢	4	80
灯用煤油	1.4	7.5	硫化氢	4.3	44.5

表 6-6　几种粉尘的爆炸下限

物质名称	爆炸下限(g/m^3)	物质名称	爆炸下限(g/m^3)
镁粉	20	铝粉	40
砂糖	35	钛粉	45
硫黄	35	铁粉	120
玉米粉	40	锌粉	480

注:粉尘的爆炸上限在大多数场合都不会达到,所以实际意义不大,故未列。

一般来说,可燃物质的爆炸下限越低,爆炸极限范围越大,其危险性就越大。

三、灭火的基本方法

1. 冷却法

冷却法就是利用灭火剂的作用降低燃烧物质的温度。冷却法有两种：一是直接将灭火剂喷射到燃烧物上，使燃烧物的温度降到燃点以下，使燃烧停止；二是将灭火剂喷射到燃烧物附近的可燃物上，防止可燃物受辐射热影响而起火。

2. 窒息法

窒息法就是阻止空气流入燃烧区域或用不燃烧的物质冲淡空气，使燃烧物得不到足够的氧气而熄灭。

3. 隔离法

隔离法就是将可燃物质与着火源之间隔开，并采取措施防止燃烧扩大蔓延。

4. 化学中断法

化学中断法就是使灭火剂参与到燃烧反应过程中去，使燃烧的化学连锁反应中断，抑制燃烧，达到灭火目的。

上述灭火方法在灭火过程中不是孤立使用的，有时为了加速灭火，几种灭火方法可以交叉或联合使用。

第二节　车辆火灾事故的预防与扑救

由于机动车辆使用的燃料都是易燃物品，且经常装运各种易燃易爆危险物品，所以，机动车辆本身存在着不安全因素。如果燃料泄漏，当车辆点火线圈产生高压电火花，蓄电池外部短路产生高温电弧，或遇排气管的灼热高温和火星时，就会着火或引起爆炸事故。同时车辆在使用和维护中，若有关人员违反安全操作规程或对装运的易燃易爆危险物品管理不当，也会着火或导致爆炸事故。因此，预防机动车辆火灾事故,应当引起驾驶员、车辆维修和管理人员以及货物装卸人员的高度重视。

一、预防人为火源造成的火灾事故

大量机动车辆火灾事故表明,人为火源造成的车辆火灾事故最多。火灾责任人思想麻痹、缺乏经验、不懂防火常识是造成这类火灾事故的主要原因。因此,为预防机动车辆火灾事故,机动车辆驾驶员应做到以下几点。

(1)严禁在驾驶室和车厢内乱扔烟头、火柴,以免引燃坐垫或周围的易燃物。

(2)检修车辆、加注燃油或使用易燃油料清洗零件时,严禁吸烟和动用其他烟火,以免引燃油料、油棉纱等易燃物造成火灾。

(3)禁止用火柴、打火机等明火照明查看油箱存油量或查看漏洞、溢油情况。

(4)不得在驾驶室内私自安装电炉丝、点烟器等可能引起火灾的装置。

(5)严禁用喷灯或点燃浇油的棉纱、木柴等方法直接烘烤发动机、油箱和燃油管道。

(6)禁止用各种容器盛装汽油放入驾驶室内或到处乱放,以防因吸烟、划火柴、电火花或其他着火源引燃汽油造成火灾事故。

二、预防车辆电气设备造成的火灾事故

机动车辆上有许多电气设备,如果在工作中不能正确使用或设备发生故障不及时修理排除,这些电气设备就可能成为车辆火灾事故的危险源。

(1)各种通电导线接头松动、脱落或短路等都可能产生电火花,引燃易燃油料或其他易燃物品造成火灾事故。

(2)车辆电路保险装置的保险丝是按规定电流值选用的,如果任

意加大保险丝的规格,或用其他金属丝代替,就可能烧毁电气设备和线路,严重时会造成导线燃烧引发火灾事故。

（3）点火线圈、分电器、高压线、火花塞等漏电时,若不及时修理更换,或采用高压线"吊火"、"烧缸"等错误做法,都可能引起火灾事故。

（4）车用蓄电池在工作时会分解出易燃易爆的氢气,当这些气体累积到一定浓度时,蓄电池附近一旦出现火源,就可能发生蓄电池爆炸事故。

三、预防易燃油料造成的火灾事故

机动车辆使用的各种易燃油料是造成车辆火灾事故的主要易燃物质,不能正确合理地管理和使用各种易燃油料,是造成火灾事故的主要原因。车用易燃油料主要包括汽油、柴油及润滑油等,其中危险性最大的易燃油料是车用汽油,属一级易燃液体,其闪点小于$-20℃$,自燃点为$415\sim530℃$,爆炸极限为$0.79\%\sim5.16\%$。车用汽油在常温下的蒸气压很高,当蒸气与空气形成爆炸性混合物时,如接触火星、灼热物体等着火源,就会发生燃爆。汽油燃爆后,火势猛、温度高、压力大,极易造成人员伤亡和财产损失,其破坏性和危害性较大。所以,必须对易燃油料的不安全性给予高度重视。以下是几种易燃油料造成的火灾事故及预防措施。

（1）车辆燃料系供油系统发生故障,驾驶员错误采用边发动车辆边使用容器或其他自流方式向汽化器内加注汽油的方法,造成混合气比例失调,使汽化器发生回火"放炮",喷出的火焰点燃汽油造成火灾事故。

（2）汽油在灌入油箱时,由于与油箱摩擦和冲击而产生静电跳火,这种静电跳火将汽油点燃而引起火灾。所以在加注油料过程中,要控制加油流速,减少对油料的搅动和冲击,加油管口要尽量靠近油面,尤其在加油开始和装油到容器3/4以后时,更要注意避免发生静电放电。此外,在高压电线下和有雷电时,应尽量避免给车辆加油,以防发生火灾事故。

(3)油料的渗透性较强,如易燃油料渗漏后滴落在灼热的排气管上或被喷出的火星点燃,就会发生火灾。

除了防止车辆本身易燃油料的渗漏外,还应注意车辆运载的易燃油料是否渗漏。因此装运易燃油料时,应做到驾驶平稳,避免颠簸,防止油桶撞击,发现渗漏的油桶要及时处理好。油罐车必须在车尾部连接一根导电良好、直径不小于 6 mm 的铁链与地面接触以消除静电。

(4)车辆排气管位置靠近油箱,如点火时间校正不准,造成排气管回火,或由于排气管连接处封垫不严,造成窜火,都有可能引发火灾事故。

(5)汽油箱(桶)发生渗漏,在施焊补漏时,有可能点燃汽油箱(桶)内的残余混合气而引起爆炸。为防止此类事故的发生,在施焊前应在渗漏处划上记号,放尽汽油,把油箱(桶)敞口放在通风处,时间不少于一天,然后在油箱(桶)内加注一半清水或碱水,反复摇晃,除去油污,再换水 2～4 次,每次加至水溢出为止,直至清除掉油箱(桶)中的残余汽油蒸气,闻不到汽油味时,再进行焊补。施焊时,必须将油箱(桶)盖打开。

(6)检修车辆或加注汽油时,将汽油渗漏或洒泼在车上和地下;用铁制工具敲击油箱(桶)口盖或油罐车加油口盖;将沾有易燃油料的棉纱、破布、手套乱扔乱放等,都有可能造成火灾事故。

四、车辆防火安全技术要求

1. 加注燃油防火安全技术要求

(1)工作人员必须穿戴工作服,不准戴手套,周围禁止烟火。

(2)发动机熄火前,不得加注燃油。

(3)加注燃油时,不准检修和调试发动机,不准在注油容器附近进行锤击磨削作业。

（4）应用扳手旋拧油桶螺塞，不准用铁器敲击和刮擦汽油容器。

（5）禁止在雷雨天气及高压电源线下加注燃油。

2. 检修车辆防火安全技术要求

（1）搬运和安装蓄电池应平稳，以免电解液溅出。

（2）严禁在气缸外随意试火和"吊火"。

（3）严禁用高压线"燃缸"。

（4）严禁用划火法检查蓄电池电压的高低。

（5）严禁用短路法进行划火，检查电路导线通断情况。

（6）严禁用明火作照明检查油箱油量，在车辆周围应少用或不用各种火源。

（7）严禁使用各种容器或其他自流方式向发动机上的化油器内加注燃油。

（8）发动机上的化油器发生回火时，应立即停车检查调整，故障未排除之前不得行驶。

（9）严禁用汽油擦拭车辆、清洗零部件、烘烤车辆和烧热水。清洗后的废油不准随意乱倒，应倒入指定回收地点。

（10）清洗发动机时，必须切断电瓶线路。

（11）发现油路管道或油箱渗漏，在紧急情况下可以用锡焊暂时补漏，一般情况下应把油箱或油管拆下，在排尽和挥发尽或清洗残余汽油后进行焊接。

（12）严禁将各种盛装汽油的容器放入驾驶室内。

（13）坚持三级动火审批制。

（14）空气滤清器要紧固，防止脱落机油洒在进排气管处引起着火。

（15）车辆各种导线要保持横平竖直卡子化，不得随意拉线，以免绝缘破损引起着火。

（16）车辆电气设备用线，要采用标准规格合格产品线，防止导线过细,或其他质量问题,造成导线过热引起着火。

(17)发生车辆事故时,在抢救被困在车内人员的同时,要及时采取有效措施切断电瓶电源,以免产生火花引起车辆着火。

3.车库防火安全技术要求

(1)车库应通风良好。

(2)车库内禁止吸烟。

(3)车库内严禁明火作业及明火照明,不得用明火炉直接取暖。必要时,可用暖气或火墙式火炉取暖。火墙式火炉取暖不得用于装载易燃易爆物品车辆的车库。

(4)停放装运易燃易爆液体和液化厂油气槽车车辆的库房内,电气设备应符合防爆的要求。

(5)装载有漏油的桶装汽油、柴油或车辆油箱漏油时,车辆不得进入库内。

(6)车辆进库房后,应检查未熄灭的火种,切断电瓶电源。

(7)车库内不应存放汽油、柴油。油、棉纱、布头应集中放在加盖的铁桶内,并及时处理。

(8)库房内外应有醒目的安全标志及消防设施(灭火器、沙箱)。

(9)坚持三级动火审批制度。

五、火灾的扑救

机动车辆火灾绝大多数是先从易燃油料的燃烧开始的,由于易燃油料极易被点燃,而且其挥发性、渗透性和流动性都很强,所以,一旦发生火灾,其燃烧非常迅速,如果扑救不及时或采取措施不当,就可能造成极大的损失。因而,扑救机动车辆火灾必须迅速、及时且采用正确的方法,尽可能防止火灾扩大蔓延,力争把火灾消灭在初起阶段,最大限度地减少火灾的损失。

(1)发现燃烧起火时,驾驶员应沉着、冷静,首先要判明起火的部位和燃烧物种类以及燃烧程度、范围,迅速、果断地确定扑救方法,积极镇定地进行扑救。

（2）在扑救火灾的同时，应向周围呼救并向领导报告，必要时应立即向消防部门报警，报警时应详细说明起火的地点、燃烧的物质、单位名称及本单位的电话号码。报警后要派专人等待引领消防车到达现场。

（3）在消防队到达前，扑救人员应根据火灾情况，确定正确、有效的灭火方法，选用合适的灭火器材，尽最大能力灭火。

（4）起火现场，必须指定专人负责，统一指挥，做到行动统一，协调一致，防止出现混乱。如果火情严重，一般扑救不可能扑灭时，应及时疏散人员、撤出物资，以减少人员伤亡和财产损失。

（5）车辆在车库、加油站、仓库等危险区域起火时，应在扑救的同时将着火的车辆推出或驶离危险区域，以避免造成更大损失。

（6）装运易燃易爆危险物品的车辆起火后，采用紧急灭火措施无效时，应密切注意车辆是否有发生爆炸的危险，如有爆炸危险，应立即撤离危险区域，以免造成更大损失。

（7）如果着火原因是由车辆载运的货物燃烧引起的，并危及车辆时，应把燃烧的货物从车上推下进行扑救，并使车辆远离火源；如果车辆着火危及车上货物时，应在扑救的同时，迅速把货物从车上卸下。

（8）车辆发生一般火灾时，驾驶员应立即切断油路，关闭电门，迅速转移车上的易燃物品，重点保护好油箱和其他易燃部位，防止火灾扩大蔓延。如果是易燃油料着火，严禁采用浇水的方法灭火，应用沙、土覆盖或专用灭火器材扑救。

（9）发生撞车、翻车事故引起较大火灾时，应首先抢救车内人员，并采取有效的扑救措施。当火灾危及周围房屋、设施和其他易燃物品时，应采取措施隔离火场，以防止火灾扩大蔓延。

（10）灭火后，要特别注意保护好火灾现场，并协助有关部门分析和查明火灾原因，同时，严格按"三不放过"（即事故原因分析不清不放过，事故责任者和群众没有受到教育不放过，没有防范措施不放过)的原则对事故进行处理。

第三节　常用灭火器材的使用

常用灭火器材主要有泡沫、二氧化碳、干粉、"1211"等灭火器材。

1. 泡沫灭火器

泡沫灭火器是通过筒内酸性溶液与碱性溶液混合后发生化学反应,喷射出泡沫,使燃烧物表面与空气隔绝,而达到灭火目的。

(1)灭火原理。泡沫的比重一般小于常见可燃、易燃物质的比重,泡沫浮于或黏附在燃烧物的表面上,形成一个既不能燃烧也不能助燃的泡沫覆盖层,隔离空气,使燃烧缺氧窒息而熄灭。同时泡沫还具有一定的降温冷却作用。

(2)适用范围。泡沫灭火器适用于扑救汽油、煤油、柴油、油漆、香蕉水、松香水及一般固体物质的火灾。但对可溶解于水的易燃液体如丙酮、甲醇、酒精等的灭火效果较差,不适用于扑救电器火灾和忌水性化学物品引起的火灾。

(3)组成及技术性能。泡沫灭火器主要由筒身、瓶胆、喷嘴、提柄等组成。筒身内悬挂玻璃或聚乙烯塑料制的瓶胆,瓶胆内装有酸性溶液,筒内装碱性溶液。瓶胆用瓶盖盖住,以防内装溶液蒸发和溢出。手提式泡沫灭火器主要有 MP8 和 MP10 两种型号,其主要技术性能见表 6-7。

表 6-7　MP 型手提式泡沫灭火器技术性能表

型号	药液总量 (L)	喷射时间 (s)	射程(m)		重量(kg)		发泡倍数	泡沫特性
			集中点	最远	装药液	不装药		
MP8	8.3	60	8	10	12.6	4.1	8	30 min 内泡沫消失量不超过 50%
MP10	9.55	60	8	10	14.55	4.1	8	

（4）使用方法及注意事项。提取 MP 型手提式灭火器前往火场时，要注意筒身不宜过度倾斜，以免两种药液混合。使用时，摇晃数次，使药液充分混合后由喷嘴喷出。灭火时尽量接近火源，不可中途堵塞喷嘴，并注意不要将筒盖、筒底对着人体，以防筒内压力过大，筒体爆炸伤人。

泡沫灭火器在放置时，应经常检查喷嘴是否畅通，防止堵塞，冬季应注意保温防冻。该种灭火器不宜随车携带。

2. 二氧化碳灭火器

二氧化碳灭火器在扑救火灾时，具有灭火后不留痕迹、不腐蚀和损坏物品等特点，是一种比较优良的灭火器材。

（1）灭火原理。二氧化碳灭火器是将二氧化碳气体在高压低温下，压缩成液体灌装。二氧化碳是一种惰性气体，其比重为 1.529，较空气重，具有不燃烧、不助燃、不导电、无腐蚀等特点。将二氧化碳喷射到燃烧物表面，能排除或稀释空气中的氧气，使空气含氧量降低，当空气中的二氧化碳含量达 30％～35％时，燃烧就会停止。另外，使用时喷出的一部分二氧化碳为固体雪花状干冰，其温度为 $-78.5℃$，喷射到燃烧物表面上，具有冷却作用。

（2）适用范围。二氧化碳灭火器适用于扑救贵重设备、档案资料、仪器仪表、600 V 以下的电气设备及油脂和某些忌水物质如电石气的火灾。不宜扑救金属钠、钾、镁、铝等轻金属火灾，也不适用于扑救某些能够在惰性介质中燃烧的含氧炸药、硝化纤维等物质的火灾。

（3）组成及技术性能。二氧化碳灭火器分为 MT 型手轮式和 MTZ 型鸭嘴式两种。

MT 型手轮式二氧化碳灭火器主要由钢瓶、启闭阀门、喷筒、提把、虹吸管等组成，其主要技术性能见表 6-8。

表 6-8　MT 型手轮式二氧化碳灭火器技术性能表

型号	二氧化碳灌装量(kg)	灌装系数(kg/L)	喷射时间(s)	射程(m)	二氧化碳纯度
MT2	1.85~2.1	0.72	≤20	1.2~1.4	≥96%
MT3	2.85~3.1	0.72	≤30	1.8~2.0	≥96%

　　MTZ 型鸭嘴式二氧化碳灭火器主要由钢瓶、喷筒、喷管、压把、提把、启闭阀门等组成,其主要技术性能见表 6-9。

表 6-9　MTZ 型鸭嘴式二氧化碳灭火器技术性能表

型号	二氧化碳灌装量(kg)	灌装系数(kg/L)	喷射时间(s)	射程(m)	二氧化碳纯度
MTZ5	4.8~5.1	0.72	≤45	2.0~2.2	≥96%
MTZ7	6.8~7.0	0.72	≤55	2.2~2.5	≥96%

　　(4)使用方法及注意事项。使用手轮式二氧化碳灭火器时,应先将铅封去掉,手提提把,翘起喷筒。再将手轮按逆时针方向旋转开启,高压气体即自行喷出。

　　使用鸭嘴式二氧化碳灭火器时,应先拔去保险插销,一手持喷筒把手,另一手紧压压把,高压气体即自行喷出。不用时将压把放松,阀门即关闭。

　　二氧化碳灭火器使用注意事项如下:

　　①须站在上风处喷射,切勿逆风使用,以防二氧化碳中毒。

　　②喷射时手不要接触喷筒口处,以防将手冻伤。

　　③在空气不流通的场所,喷射后应立即通风。

　　④灭火器存放地点温度不得超过 42℃,且不能接近热源,以防内压加大,使安全膜破裂而失效。

　　3. 干粉灭火器

　　干粉灭火器是以高压二氧化碳气体为动力,喷射干粉灭火剂的灭火器材。干粉灭火器的适用范围广,灭火速度快,无毒、无害、无腐蚀性,灭火能力强。

（1）灭火原理。干粉灭火器灭火时靠加压气体的压力将干粉从喷嘴射出，形成大量的粉雾喷向燃烧物，当干粉与火焰接触时，便产生一系列的物理化学反应，中断燃烧的连锁反应，使火焰熄灭。同时粉雾包围了燃烧物，能够构成阻碍燃烧的隔离层，粉末受热还会分解出不燃性气体，降低燃烧区域内的含氧量，加速火焰的熄灭。

（2）适用范围。干粉灭火器适用于扑救石油及其产品、可燃气体和电气设备的初起火灾。

（3）组成及技术性能。手提式干粉灭火器筒身外部悬挂充有高压二氧化碳的钢瓶，钢瓶与筒身通过螺母连接，钢瓶头部有一穿针。当打开保险销，拉动拉环时，穿针即刺穿钢瓶口的密封膜，使钢瓶内的高压二氧化碳气体沿进气管进入筒内。筒内的干粉在高压二氧化碳气体的作用下，沿出粉管经喷管喷出。

MF 型手提式干粉灭火器新的系列产品有 MF1、MF2、MF4、MF8 四种型号，其主要技术性能见表 6-10。

表 6-10　MF 型手提式干粉灭火器技术性能表

型号	装粉量（kg）	喷粉时间（s）（常温下）	喷射距离（m）	灭火参考面积（m²）	适应温度（℃）	绝缘性（kV）
MF1	1	≤8	≥2	0.8	−10～45	10
MF2	2	≤11	3～4	1.2	−10～45	10
MF4	4	≤14	4～5	1.8	−10～45	10
MF8	8	≤20	≥5	2.5	−10～45	10

（4）使用方法及注意事项。使用时，打开保险销，一手握住胶管，把喷嘴口对准火源，拉动拉环，干粉即可喷出灭火。

使用干粉灭火器灭火时要由近及远，向前平推，左右横扫，不使火焰窜回。灭油火时，喷粉不要冲击油面，以防油滴飞溅，造成灭火困难。

4."1211"灭火器

"1211"灭火器灭火速度快,使用方便,不污损物品,灭火后不留痕迹,绝缘性能良好,用途广泛、轻便、高效。

(1)灭火原理。"1211"是卤化物二氟一氯一溴甲烷的代号,是卤代烷灭火剂的一种。卤代烷灭火剂主要通过抑制燃烧的化学反应,使燃烧连锁反应迅速中止,达到灭火目的。

(2)适用范围。"1211"灭火器适用于扑灭油类、易燃液体、气体及精密仪器、电气设备、图书、文物、档案等贵重物品的初起火灾。

(3)组成及技术性能。"1211"灭火器主要由筒身(钢瓶)和筒盖两部分组成。筒身由无缝钢管或钢板滚压焊接而成。筒盖一般用尼龙塑料或铝合金制造,由压把、压杆、喷嘴、密封阀、虹吸管、安全销等构成。灭火剂装量大的灭火器还配置有提把和橡胶导管。

手提式"1211"灭火器主要有 MY0.5、MY1、MY2、MY4、MY6五种型号,其主要技术性能见表 6-11。

表 6-11　MY 型手提式"1211"灭火器技术性能表

型号	灭火剂数量 (kg)	氮气储气压强(20℃) (kgf/cm²)	工作温度 (℃)	射程(m)	喷射时间 (s)	重量(kg)
MY0.5	0.5	15	−40～50	2	8～10	1.2
MY1	1	15	−40～50	3	10～12	2
MY2	2	15	−40～50	3	12～14	3.2
MY4	4	15	−40～50	4.5	14～16	6.5
MY6	6	15	−40～50	5	16～18	9.3

(4)使用方法及注意事项。使用时,先拔出保险销,握紧压把开关,压杆就使密封阀开启,"1211"灭火剂即在氮气压强作用下,通过虹吸管由喷嘴喷出。松开压把时,压杆即恢复原位,阀门关闭,喷射停止。

使用"1211"灭火器时,应垂直操作,不可放平和颠倒使用,喷嘴要对准火源根部，并向火源边缘左右扫射，快速向前推进，要防止回火复燃。如遇零星小火可点射灭火。

思考题

1. 什么是燃烧？燃烧的条件是什么？
2. 什么是爆炸？爆炸是如何分类的？
3. 灭火的基本方法是什么？
4. 驾驶员如何预防人为火源造成的火灾事故？
5. 车辆电气设备造成火灾事故的常见原因是什么？
6. 车用易燃油料引起火灾事故的常见原因是什么？
7. 加注燃油防火有哪些安全技术要求？
8. 车库防火有哪些安全技术要求？
9. 车辆发生火灾时，应如何扑救？
10. 泡沫灭火器的灭火原理是什么？其适用范围是什么？
11. 二氧化碳灭火器的灭火原理是什么？其适用范围是什么？
12. 干粉灭火器的灭火原理是什么？其适用范围是什么？

第七章　车辆事故分析

厂内机动车辆虽然只是在厂区内进行运输作业,但如果对厂内运输作业安全的重要性认识不足,思想麻痹、违章驾驶、车辆带病运行以及管理不善等,就会造成厂内车辆事故的发生。厂内车辆事故发生的原因是多方面的,要想预防事故,就必须对事故发生的原因进行认真的分析,并从中吸取经验教训,举一反三,以采取相应的防范措施,达到避免类似事故发生的目的。本章着重分析厂内车辆事故原因,并对典型事故进行总结分析,介绍防范措施。

第一节　车辆事故原因分析

一、车辆事故的分类

按车辆事故的事态分:碰撞、碾轧、刮擦、翻车、坠车、爆炸、失火、出轨和搬运、装卸中的坠落及物体打击等。

按厂区道路分:交叉路口、弯道、直行、坡道、铁路道口、狭窄路面、仓库、车间等行车事故。

按伤害程度分:车损事故、轻伤事故、重伤事故、死亡事故。

二、车辆事故的主要原因

车辆事故发生的原因是多方面的,但主要是涉及人(驾驶员、行人、装卸工)、车(机动车与非机动车)、道路环境这三个因素。在这三者中,人是最主要的。据有关资料分析,一般情况下,驾驶员是造成事故的主要因素,负直接责任的占统计的 70% 以上。

大量的厂内车辆事故统计分析表明,事故主要发生在车辆行驶、装卸作业、车辆检修及非驾驶员驾车等过程中。从各类事故所占比例看,车辆行驶中发生的事故占 44%,车辆装卸作业中发生的事故占 23%,车辆检修中发生的事故占 7.9%,非驾驶员开车肇事占 16.5%,其他类型的事故占 8.5%。由此不难发现,车辆事故的主要原因都与驾驶员有关,而这些事故又都是驾驶员违章操作、疏忽大意、操作技术等方面的错误行为造成的。为了吸取教训,杜绝事故,现将厂内车辆事故的主要原因分析如下。

1. 麻痹大意

驾驶员在驾驶作业时麻痹大意或注意力不集中是造成事故的主要原因,包括:行驶和作业中,精力分散,不认真观察瞭望环境及周围的车辆和人员动态,驾驶操作中,听广播、录音、吸烟、饮食,与其他人说笑打闹或边操作边看车外的其他景色和人物,不集中思想;长时间驾驶操作,过度疲劳或睡眠不足,出现精力不济、反应迟钝,甚至打瞌睡的现象;驾驶中,自信路熟车好,在行驶作业中满不在乎,对出现的危险信息不认真处理等。

在驾驶作业过程中出现上述各种注意力不集中和麻痹大意的表现,一旦遇到外界车辆和人员异常动态或突然情况,驾驶员由于没有思想准备,在时间、空间和速度上没有留有充分余地而出现惊慌失措和错误操作,以致发生事故。

2. 违章驾驶

违章是发生事故的根源。各种安全规章制度和安全操作规程都是由大量事故和血的教训的总结而来。驾驶员置安全规章制度和安全操作规程于不顾,为所欲为、违章蛮干,必然造成事故的发生。主要表现有:驾驶员为了赶任务抢时间,遇到狭窄地段不是"礼让三先",而是抢道、抢货位互不相让;超车过程中,不顾前后车的动向和道路交通情况,在路口、窄路或前车遇有障碍来不及让路的情况下不鸣号、不示意,强行高速超车;不按靠右行驶的原则,转弯不减速,不看车辆行人动态,争道抢行,如入无人之境,横冲直撞;违反限速规定,忽视客观条件,盲目开快车,在车间、仓库门口及交叉路口超速行驶,在雨雾天气和冬季路面不按规定速度限速行车;有的人未经培训和考核,不懂车辆设备、技术性能和安全操作技术,任意驾车行驶和作业,以致发生事故。

另外,酒后驾驶、感情冲动、精神恍惚或反应迟钝的情况下也极易发生事故。这是因为:酒内所含的酒精被吸收后,随着血液循环到人体各个组织,使大脑中枢神经处于兴奋状态,驾驶员就容易开"斗气车",开"英雄车"。突然遇到紧急情况时就很难避免发生事故。当人的中枢神经转入抑制状态时驾驶员会精神恍惚,注意力分散,思维能力下降,反应迟钝,分析判断和处理各种意外情况的能力下降,极易发生行车事故。有关部门测试证明,正常驾驶员遇到紧急情况采取紧急制动的反应时间是 $0.5 \sim 0.6$ s,而饮酒后驾驶员由于反应迟钝,采取紧急制动的反应时间可增加 $3 \sim 5$ 倍。因此,酒后驾驶是机动车驾驶员之大忌。

3. 驾驶技术不熟练

机动车的驾驶是一种不仅对驾驶者本人,而且对他人和周围设施的安全具有潜在危害因素的作业。驾驶人员是否具有熟练的驾驶技术,对其安全驾驶的影响是很大的。一个驾驶技术很熟练的驾驶员,即使在意外情况下,遇到险情,也能采取得当措施而化险为夷。相反,驾驶技术不熟练,尽管行车条件较好,也可能因操作不当或遇意外情况缺乏应变能力,导致事故发生。

从广义上讲,绝大部分事故的发生都是与驾驶员的技术水平密切相关的。通过对部分事故进行分析,可以看出,驾驶技术不熟练,主要有以下三个方面的原因和表现。

（1）缺乏正规培训和严格考核。近年来，随着国家建设和工业生产的迅速发展，新补充的厂内机动车辆驾驶员增多。由于其中一部分人员缺乏正规培训和严格考核，致使这些新驾驶员技术不熟练，专业技术知识贫乏，安全技术素质较差，这种状况必然会增加作业中的危险因素及事故隐患，极易造成行车事故。

（2）不能正确判断和处理险情。驾驶技术不熟练的驾驶员对驾驶中遇到的复杂情况，往往由于其经验不足，缺乏正确判断能力，不能做出及时正确的处理。比如，驾驶员在行车中没有思想准备或对潜伏的危险因素估计不足，遇到紧急情况，就会手足无措，没有反应时间，来不及做出处理；有的驾驶员驾驶技术不熟练，驾车时精神时刻处于高度紧张状态，遇到紧急情况，不知道如何处理，甚至出现惊呆心理状态，还有的驾驶员由于经验不足，技术生疏，遇到情况做出错误的判断，从而造成事故。

（3）不能正确控制和运用车辆，包括以下方面：

①驾驶技术生疏，经验不足，在行驶中，往往不能根据道路情况、车辆和行人通行情况，依据安全规定，灵活适当地控制车速。

②有的驾驶员运用方向盘不当，转向时，由于不能准确判断轮胎位置，因而转向不及时或转弯半径选择不当，转向后又不能及时回正方向。在行驶中，有的驾驶员随意晃动方向盘，使车辆左右摇摆，行驶不稳，极易发生碰撞事故。

③有的驾驶员采用错误的驾驶姿势，既加大了劳动强度，易使驾驶员疲劳，又妨碍运用各种驾驶操纵机构、观察仪表和瞭望道路情况。

④有的驾驶员对油门、离合器和变速杆之间的配合操纵不熟练，行驶中挂错挡位或掌握不好换挡的时机，换挡前后造成车辆闯动。

⑤有的驾驶员不能合理正确地运用制动器。在行驶中，不能根据行进前方的道路条件和交通情况的变化，提前做好思想上和技术上的准备，有目的地采取预见性制动措施。当突然出现意外的紧急

情况,需要采取紧急制动措施时,又手忙脚乱,惊慌失措,没有能力进行正确操作,以致造成事故。

4. 车况不良

(1)车辆的安全装置如转向、制动、喇叭、照明、后视镜和转向指示灯等不齐全、有效。

(2)蓄电池车调速失控造成"飞车"。

(3)翻斗车举升装置锁定机构工作不可靠。

(4)吊车起重机的安全防护装置,如制动器、限位器等工作不可靠。

(5)车辆维护修理不及时,带"病"行驶。

车辆状况的好坏对安全行车起着重要的作用,其中以转向系统、制动系统的状况影响最大。其他如车轮及轮胎、灯光和喇叭、传动装置以及其他一些零部件也都必须完好。

车辆状况不良造成的事故指的就是因为制动系统、转向系统以及其他机件不良造成的事故。其事故的主要原因是由于平时对车辆维护保养不够、车辆带病使用、遇到紧急情况不能及时停车和采取紧急避让。

因此,厂内机动车辆驾驶员一定要按规章制度要求,严格做好例行保养及一、二级保养,以免这类事故的发生。

5. 道路环境

(1)道路条件差。厂区道路和厂房内、库房内通道狭窄、曲折,不但弯路多而且急转弯多,再加之路面两侧的大量物品的堆放,占用道路,致使车辆通行困难,装卸作业受限,在这种情况下,如果驾驶员精神不集中或不认真观察情况,行车安全很难保证。

(2)视线不良。由于厂区建筑物较多,特别是车间、仓库之间的通道狭窄,且交叉和弯道较频繁,致使驾驶员在驾车行驶中的视距、视野大大受限,特别是在观察前方横向路两侧时的盲区较多,这在客观上给驾驶员观察判断情况造成了很大的困难，对于突然出现的情况，往往不能及时发现判断，缺乏足够的缓冲空间，措施不及时而导致事故。同样，其他过往车辆和行人也往往由于不便及时观察掌握来车动态，没有做到主动避让车辆。

（3）因自然环境的变化，在风、雪、雨、雾等恶劣的天气条件下驾驶车辆，使驾驶员视线、视距、视野以及听觉力受到影响，往往造成判断情况不及时，再加之雨水、积雪、冰冻等自然条件下，会造成刹车制动时摩擦系数下降，制动距离变长，或产生横滑，这些也是造成事故的因素。

6. 管理因素

（1）车辆安全行驶制度不落实。建立、健全安全行车的各项规章制度，目的就是为了避免和最大限度地减少车辆事故的发生。但由于执行不力，落实不好，或有章不循，对发生的事故或险兆事故不去认真分析和处理，大事化小，小事化了，使各种制度形同虚设，就会淡化驾驶员的安全意识，这是导致车辆事故不断发生或重复发生的重要因素之一。反之，如果有章必循，违章必究，车辆在行驶中发生了险情或事故，本着"三不放过"的原则，查明原因，分析责任，严肃处理，就会不断强化广大驾驶员的安全意识，进一步提高他们遵章守纪的自觉性，减少和避免车辆事故的发生。

（2）管理规章制度或操作规程不健全。没有建立或健全以责任制为中心的各项管理规章制度，没有健全各种车型的安全操作规程，没有定期的安全教育和车辆维护修理制度等都会造成驾驶员无章可循的局面或带来安全管理的漏洞，从而导致事故的发生。

（3）非驾驶员驾车。按照有关规定，厂内机动车辆驾驶员须经过专业培训、考核，取得合法资格后方准驾车。在车辆伤害事故中，由于无证驾车，造成一是事故率较高，二是事故后果相当严重。无证驾驶车辆肇事之所以难以杜绝，屡禁不止，主要是无证驾车人员法制观念淡薄，但根本原因还在于企业安全管理不到位，处理不严，甚至有的竟是个别领导违章指挥所致。一般情况下多数是无证者由于好奇私自驾车或驾驶员违反规定私自将车交给无证人员开车造成的。

（4）车辆维修不及时。车辆在运行过程中，必然会出现正常的磨损和异常的损坏。在车辆的管理中，企业必须建立定期的车辆维护、修理及检验制度。按规定适时对车辆进行检验、维修，随时维持车辆的完好状态。与此同时，驾驶员还要严格执行出车前、行车中及收车后的车辆"三检"制度，及时发现、排除各种故障与隐患，只有这样才能既顺利完成各项生产任务，又确保行车安全。但是，有的企业和驾驶员只管用车不管维护修理，致使车辆带"病"运行，从而导致事故的发生。

（5）交通信号、标志、设施有缺陷。交通信号、标志、设施，如信号指示灯，禁行、限行、警告标志、隔离设施等，是在某些路段、地点或在某些情况下对车辆驾驶员或其他交通参与者提出的具体要求或提示，从某种意义上讲，带有明显的规范性和约束力，是企业内交通安全管理的组成部分。按照有关规定，各种交通信号、标志、设施的覆盖面，特别是在厂区的繁忙路段、弯道、坡道、狭窄路段、交叉路口、门口等特殊条件下应达到100％，而且安全管理部门应经常检查、教育、督促驾驶员和其他人员认真遵守。但是，有的企业对此认识不足，不同程度上存在着标志、信号、设施不全或设置不合格的情况，这样驾驶员就难以根据在不同的道路情况下或在某些特殊情况下，按具体要求做到谨慎驾驶，安全行车。

综上所述，发生车辆事故的原因是多方面的，既有主观因素又有客观因素。驾驶员必须遵章守法，谨慎驾驶，认真操作，同时也要正确地认识客观因素，适应道路和环境的客观条件，正确地操纵车辆，克服客观上的各种障碍和困难，保证安全驾驶，完成运输作业和施工任务。

第二节 常见车辆伤害事故案例分析

企业内机动车辆伤害事故的发生，与车辆的技术状况、道路条件、管理水平，尤其是驾驶员的安全技术素质（思想情况、操作技能、驾驶经验、应变能力等）因素有关，其中最为关键是人的因素。虽然造成事故的原因是多方面的，但通过大量事故案例分析研究表明，大部分事故往往是由于驾驶员违章驾驶和思想麻痹造成的。为了从血的事故中吸取教训，避免重复性事故的发生，现将有关典型车辆伤害事故案例介绍如下。

1. 无证驾驶事故案例

机动车辆是一种行驶速度较快的运输工具，具有较复杂的机械构造与性能，它的行驶速度比非机动车要快几倍甚至几十倍，一旦发生事故，其破坏性非常大。所以驾驶机动车辆的人员，必须掌握车辆基本结构及性能，经过严格考核培训才能熟练驾驶车辆。非机动车驾驶人员，没经过专门的学习培训，不掌握车辆的构造性能，不懂驾驶技术与操作规程，对安全行车具有极大的危害性，必须坚决制止与杜绝。

案例 1： ××××年×月×日，王某、李某一起往铲车加注柴油。加油之后，王某开动铲车向煤场内开去。开出约 7 米左右后左转，待铲车转好角度时，在煤场内拉煤的丁某发现铲车右侧前车轮把一个小孩撞倒并压到脑袋。驾驶员王某并未察觉，仍驾驶铲车继续前行。丁某就叫在煤场的傅某一起去追铲车，一直到煤场里边的煤堆边才追上铲车，把铲车叫住，告诉驾驶员刚才发生的情况。傅某随即拨打"110"电话报警。被碾压小孩李某当场死亡。

事故原因分析：王某无证驾驶铲车，在路况不清的情况下，违规操作；该公司聘用无特种作业资格证人员上岗作业；该公司的厂区布局不合理。

整改措施:街道办事处要深刻吸取事故教训,进一步落实安全生产职责,加强对辖区内各类企业安全生产工作的管理力度,督促企业落实各级、各类人员的安全生产责任制度;该公司要对本次事故中所暴露的问题,开展一次专项检查,要确保特种设备完好运行,操作人员持证上岗;该公司要对厂区进行重新布局和调整,要在宿舍区设置栅栏,并设置道路减速带;该公司要加强对职工及其家属的安全教育,加强对小孩的管理,避免因孩子进入生产场所、交通道路而发生意外事故。

案例2:××××年×月×日,某公司因胶合板车间生产需要三夹板芯片,由车间主任冯某驾驶叉车(该同志无叉车驾驶证,属无证驾驶),与员工张某前往仓库叉载芯板。在仓库叉载好芯板(叉车底层三叠,上面两叠,每叠高约1.1米),叉车龙门架升高离地面约20厘米时,叉车向胶合板车间开去。此时,芯板底架严重弯曲,芯板拖地而行,芯板包装铁皮断裂,随时有倒塌危险。车间主任鲁某停车通知张某去取铁底架来,用铁底架衬进去。张某取来铁底架,往叉车下衬时,因芯板底架弯曲严重,无法衬进。张某跑到叉车旁说:"主任,衬垫不进。"当时鲁某从叉车上走下来,查看芯板底架情况。张某走在前面,冯某跟在后面,不料叉车上上层芯板突然失控,往两边倾斜倒塌(因倒塌的一面有原板堆放,相隔空间不多)。张某一看不好,冯某又卡在里面出不来,马上用肩膀想顶起已倾斜的芯板,但无效果;立即叫来保安兰某帮忙,用同样办法,仍无效果;张某马上奔向车间叫人,车间员工马某等人赶到事故现场,用力顶开芯板,冯某从被卡住的地方落下来。冯某已处于昏死状态,流血不止,急送医院抢救,因伤势过重,抢救无效死亡。

事故发生的原因:无证驾驶叉车搬运芯板是诱发事故发生的主要原因之一;图省力,安全意识淡薄。当发现芯板拖地而行时,明知叉车架上的芯板极易往两边倒塌,未采取安全有效措施,冒险作业是事故发生的另一个主要原因;安全生产责任制不落实。厂级中层干部带头违反安全规定，无证驾驶叉车，厂分管安全生产的领导人员对这一情况，熟视无睹，不加制止，任其操作，内部管理混乱；叉车超重超高。

整改措施：企业立即召开会议，通报死亡事故情况，吸取教训，引以为戒，并以这一事故为例，举一反三，加强安全生产管理；进一步落实安全生产责任制，厂部、车间、班组、员工，层层签订安全生产责任状；组织一次以"查隐患、提建议、遵纪守法保安全"为主要内容的安全生产自查、互查活动，对查出的事故隐患，限期整改；强化教育，对特殊工种的操作人员，进行培训教育，做到持证上岗。

2. 交叉路口事故案例

厂区交叉路口地形复杂，行人车辆聚集交会，再加之驾驶员在观察前方横向路面时视线不良，如不认真遵守交叉路口的行驶规定，极易发生各类事故。

案例3：××××年×月×日，某仓库内，一辆东风后三轮摩托车由南向北行驶，一辆大货车由西向东行驶，准备出仓库大门。两车在驶向距仓库大门约 30 m 处的一十字路口时，由于两名驾驶员都违章超速行驶，再加之仓库内路口旁有货垛，影响双方驾驶员观察前方横向路面的情况，两车通过路口未采取减速的措施，在路口中央相撞，造成后三轮摩托车侧翻，其驾驶员当场死亡。

事故原因及责任分析：双方驾驶员在仓库院内行驶违反限速规定，在通过视线不良的交叉路口时未提前减速，冒险抢行是事故发生的主要原因。

案例4：××××年×月×日，某厂驾驶员张某驾驶一平板柴油搬运车在厂区运送物料。当该车行驶至一交叉路口时，突然发现右侧路口驶来一辆车，张某急刹车同时向左打方向盘躲闪。由于车速快和离心力作用，将平板车上的货仓及站在车尾部手扶货仓的装卸工一起甩下，装卸工颅脑干损伤，经抢救无效死亡。

事故主要原因：驾驶员驾车通过交叉路口时没认真观察，未提前降低车速;装卸工违章乘车。

3. 超速行驶事故案例

"十次事故九次快",是说车辆伤害事故许多是由于行驶速度过快,来不及采取措施造成的。车速过快,会破坏车辆的可操纵性和稳定性,会延长车辆的制动距离,扩大了车辆制动的非安全区,同时使驾驶员和其他人员判断险情和采取避让的时间缩短。所以,驾驶员一定要严格遵守厂区限速规定,同时要集中精力谨慎驾驶,注意道路环境和行人动态,避免事故发生。

案例 5:××××年×月×日,某厂铲车司机参加卸糖作业。工间休息时,该司机到休息室吃饭。饭后,其驾车返回作业现场。当行驶至码头泊区时,因车速较快,司机操作不当,使车辆失去控制从码头边坠落海中,导致铲车沉入海底,司机当场惨死。

事故主要原因及责任分析:驾驶员思想麻痹,违章超速行驶,又缺乏应变能力,导致操作失误,车辆失去控制以至发生事故,其应负事故的全部责任。

4. 酒后驾车事故

酒精主要作用于人的中枢神经系统,一般情况下,饮下 20～40 mL 的酒后,人们的注意力、判断力及动作协调性就会减弱,所以,酒后驾车极容易发生恶性事故。

案例 6:××××年×月×日,某厂一辆大货车的驾驶员,酒后驾车,当驶过一十字路口 50 m 时,撞倒了靠道路右侧停放的一台货车,将该驾驶室内乘坐的小孩撞出;又继续行驶 50 m,把路旁标志牌撞坏;车辆未停继续向前行 155 m,又将路边一骑车人撞死,同时将骑车人的妻子撞到沟里造成重伤;又继续行驶 185 m,因有车追赶被迫停车;掉头时,又将车倒入沟内,自己也造成重伤。

事故主要原因及责任分析:以上事故属驾驶员酒后违章开车所致,应负全部责任。

案例 7：××××年×月×日,某单位司机王某驾驶一辆东风牌大货车拉运钢材。送货途中,王某晚饭时喝了一瓶白酒,饭后继续行驶。在行至卸货地点时,本单位的另一部车驶过卸货地点,前车司机李某下车观察。此时,尾随其后的王某由于酒后驾车,发现前车停车情况时已晚,来不及采取措施,与前车尾部相撞。车上所装钢材前移,将驾驶室挤瘪,机车接近报废,造成随车装卸工人死亡的恶性事故。

事故主要原因及责任分析:驾驶员王某酒后违章驾驶车辆,应负全部责任。

5. 倒车事故

驾驶员在倒车作业中,由于视线不好、习惯性操作或操作不当,在车后有障碍或人员的情况下,将会导致事故的发生。

案例 8：××××年×月×日,某厂铲车在煤炭货场铲运煤炭时,中途车辆发生故障,驾驶员丁某便在离煤垛 8 m 远的地方停车检查。当其在车尾部掀开发动机罩检修时,另一铲车在煤垛前卸下煤炭后,一面落下升降架,一面向后倒车,正对着后面停车检查的铲车尾部撞去。两车相撞后,被撞铲车移动一米多,驾驶员丁某左腿被严重挤伤,虽经抢救但左腿下部坏死,造成截肢。

事故主要原因及责任分析:司机进行倒车作业时,既不观察又不鸣笛,应负事故主要责任。

案例 9：××××年×月×日,某厂司机与助手在厂院内为所驾驶的解放货车挂车斗。当机车距斗车 20 cm 时,司机熄火下车,与助手共同拉斗车往机车上挂,但未拉动。司机抬着臂叉让助手上车继续向后倒一点车,但助手上车后在未检查挡排位置的情况下即开电门发动车辆。车启动后突然后倒,司机受到撞击随臂叉落地,同时被挤倒,连同斗车一起顶出一米多远,造成颅脑严重损伤,经抢救无效死亡。

事故主要原因及责任分析:司机助手违反了有关"启动发动机

前,应拉紧手制动,完全踏下离合器踏板,将变速杆置于空挡位置,然后打开点火开关"的规定,贸然倒车,加之缺乏处理紧急情况的经验,是此起事故的直接原因。另外,司机在对助手操作技术掌握不清,而且在没有安全把握和防范措施的情况下,盲目指挥助手倒车仅为20 cm的距离,也是促成此起事故的另一主要原因。

6. 车辆状况不良事故

在安全行车中,车辆的状态好与坏起着重要的作用。特别是车辆的制动系统及转向系统对安全行车的影响最大。另外,车辆的音响、灯光、轮胎、传动装置也是非常重要的因素。如果上述这些部位缺乏维护和日常的检验,就会造成带病行车,如遇紧急情况,将不可避免地造成重大的车辆事故。

案例 10:××××年×月×日,一辆解放牌货车去库房装运铁砖,车上有六名装卸民工和一名家属,行车前驾驶员已查出喇叭开关漏气,但当时未作处理。铁砖装好后,司机没有检查气压就起步。车行驶 40 m 后遇下坡道,司机为了节油,熄火空挡滑行。因坡较陡,车速增快,司机用脚制动无效时,才发现气压表只有两个压力,立即拉手制动。但由于重车在陡坡上滑行,手制动已无法减速,其立即发动抢挡,但两次都未成功。这时车已出仓库大门,距离大门 150 m就是 90°的转弯。司机向右打方向盘,由于车速快,车跑出路面翻倒在菜地里,车上 6 名民工和铁砖同时甩出车外,死亡 1 人,重伤 2 人。

事故的主要原因及责任分析:驾驶员违章开带病车;而且开车前未检查气压,因漏气造成制动失灵;又为了节油忽视安全,熄火,空挡滑行,应负事故全部责任。

7. 装卸事故

车辆装卸事故主要表现在装卸超载、客货混装、物品滚落伤人、驾驶员蛮干等。

案例 11:××××年×月×日,某公司驾驶员王某驾驶 3 t 叉车帮助木器厂进行小锅炉移位。装卸工李某等五人手扶平推车等待叉车装锅炉。叉车第一次把锅炉运到平推车上方下落时,平推车失去平衡发生前倾。这时李某找来两根长宽为 150 mm×150 mm 的木方,横绑在平推车上方,并叫其余四人到两侧扶住锅炉,由他亲自扶把。在叉车把锅炉放在手推车上的瞬间,锅炉向车把方向滚动,装卸工李某因扶不住车把,跌倒在车把上,锅炉从李某的身上滚过,造成严重伤害。

事故主要原因:装卸人员违反了有关装载的规定。

8. 通过铁路道口的事故

机动车在通过铁路道口时,应提前减速,严禁争道抢行。特别是在通过无人看守或视线不好的道口时,更要认真遵守"一慢,二看,三通过"的原则,切不可冒险通过。否则将会造成难以预料的惨痛后果。

案例 12:××××年×月×日,一驾驶员驾驶解放牌货车在粮库拉运粮食。在通过该仓库一无人看守的铁路道口时,由于未认真执行"一慢,二看,三通过"的规定,再加之铁路两侧有粮垛,使驾驶员观察视线受阻。当该车冒险通过时,与一辆由北向南驶来的火车相撞,汽车被挂出 30 余米后,夹在火车头与粮库墙壁之间,造成马槽上的两名装卸工人当场被挤死,汽车全部报废的重大事故。

事故主要原因及责任分析:驾驶员在通过铁路道口时,思想麻痹,企图侥幸冒险通过,违反了有关认真瞭望的规定,应负事故主要责任。

9. 起重伤害事故

移动式起重机由于机动性强,对稳定性要求较高,在作业过程中如不严格执行规程,稍有疏忽就会酿成事故。

案例 13:××××年×月×日,某厂汽车起重机配合修理工安装汽车大箱时,其起重机上方 9 m 处有 6600 V 高压线。当起重机将大箱放好后,吊臂卸载反弹触及高压线,起重机带电,装卸工方某因整理吊钩上的钢丝绳,被电击倒。起重机熄火后,驾驶员见无法使吊臂脱离高压线,喊装卸工吴某帮助启动发动机。吴某刚踏上脚踏板即被电击倒。随后,方某、吴某被送医院抢救,方某右手严重烧伤,吴某因抢救无效死亡。

事故主要原因及责任分析:驾驶员违反了高压线下严禁作业的有关规定,应负主要责任。

案例 14:××××年×月×日,某厂一台 20 t 起重机在一搅拌池内吊一个重约 50 t 的轴承。搅拌池呈锅底状,有约 30°的坡度。在架平起重机的过程中,由于支撑器受力不均衡,造成车辆倾斜后移,将一司索工挤在起重机和搅拌池轴承架之间,造成其当场死亡。

事故主要原因:起重作业人员违反了在坡道上起重作业的有关规定。

思考题

1. 车辆事故是如何分类的?

2. 造成车辆事故的主要原因及表现是什么?

附录一　场(厂)内专用机动车辆作业人员考核大纲(试行)

第一条　为了规范场(厂)内专用机动车辆作业人员的考核工作,根据《特种设备安全监察条例》、《特种设备作业人员监督管理办法》、《特种设备作业人员考核规则》等,制定本大纲。

第二条　本大纲适用于《特种设备作业人员作业种类与项目》规定的场(厂)内专用机动车辆(以下简称场车)作业人员的考核工作。

场车作业人员包括以下人员:

(一)场车安全管理人员,是指从事场车安全管理工作的专职或者兼职人员。

(二)场车维修人员,是指从事场车车辆维修的人员

(三)场车司机,是指从事场车驾驶、操纵的人员,分为叉车司机、搬运车牵引车推顶车司机、内燃观光车司机、蓄电池观光车司机。

取得内燃观光车司机项目作业人员证的,可以驾驶蓄电池观光车。

第三条　场车安全管理人员应当具备以下基本条件:

(一)年龄 18 周岁以上(含 18 周岁)、60 周岁以下(含 60 周岁,首次取证时);

(二)具有高中以上(含高中)学历,并且经过专业培训,具有场车安全技术和管理知识;

(三)身体健康,无妨碍从事本工作的疾病和生理缺陷;

(四)具有 2 年以上(含 2 年)场车相关工作或者安全管理工作的

经历。

第四条　场车维修人员、司机应当具备以下基本条件：

（一）年龄 18 周岁以上（含 18 周岁）、60 周岁以下（含 60 周岁，取证或者换证时）；

（二）身体健康，无妨碍从事本工作的疾病和生理缺陷；

（三）具有初中以上（含初中）学历；

（四）具有符合本大纲第五条要求的操作技能方面的安全技术培训经历；

（五）具有场车安全技术理论知识和实际操作技能。

第五条　场车维修人员、司机的操作技能方面安全技术培训经历要求如下：

（一）申请取得相应项目《特种设备作业人员证》的维修人员，应当在已经持有相应项目的《特种设备作业人员证》2 年以上（含 2 年）的维修人员指导下，进行 3 个月以上（含 3 个月）的操作技能学习并经其签字确认；或者经过专业培训机构 64 学时以上（含 64 学时）培训并取得证明。

（二）申请取得相应项目《特种设备作业人员证》的叉车司机，应当在已经持有相应项目《特种设备作业人员证》2 年以上（含 2 年）的叉车司机指导下，进行 1 个月以上（含 1 个月）的操作技能学习并经其签字确认；或者经过专业培训机构 64 学时以上（含 64 学时）培训并取得证明。

（三）申请取得相应项目《特种设备作业人员证》的搬运车、牵引车、推顶车司机，应当在已经持有相应项目《特种设备作业人员证》2 年以上（含 2 年）的搬运车、牵引车、推顶车司机指导下，进行 1 个月以上（含 1 个月）的驾驶技能学习并经其签字确认；或者持有车型为 B2 以上（含 B2）的《中华人民共和国机动车驾驶证》；或者经过专业培训机构 64 学时以上（含 64 学时）培训并取得证明。

（四）申请取得相应项目《特种设备作业人员证》的内燃观光车司

机、蓄电池观光车司机,应当在已经持有相应项目《特种设备作业人员证》2 年以上(含 2 年)的相应司机指导下,进行 3 个月以上(含 3 个月)的驾驶技能学习并经其签字确认;或者持有车型为 B1 以上(含 B1)的《中华人民共和国机动车驾驶证》;或者经过专业培训机构 64 学时以上(含 64 学时)培训并取得证明。

第六条 场车安全管理人员考试,包括理论知识和管理能力两个科目。理论知识和管理能力均采用计算机考试。

理论知识考试内容见附件 A,各部分所占比例如下:

(一)基础知识,占 10%;

(二)专业知识,占 20%;

(三)安全知识,占 30%;

(四)法规知识,占 40%。

管理能力考试内容见附件 B。

第七条 场车维修人员、司机考试包括理论知识和实际操作技能两个科目。理论知识采用计算机考试,实际操作技能考试采用实际操作方式进行。

理论知识考试内容见附件 C 和附件 E,各部分所占比例如下:

(一)基础知识,占 20%;

(二)专业知识,占 40%;

(三)安全知识,占 30%;

(四)法规知识,占 10%。

实际操作技能考试内容见附件 D 和附件 F。

第八条 计算机考试的试题类型,为判断题、单项选择题、多项选择题。

第九条 各科目考试成绩均实行百分制,60 分合格。场车安全管理人员的理论知识和实际管理能力考试全部合格,则综合评定为合格;场车维修人员、司机的理论知识和实际操作技能考试全部合格,则综合评定为合格。

第十条 承担场车安全管理人员和维修人员、司机考试机构(以下简称考试机构)应当遵循公开、公正、公平、规范的原则,按照理论知识考试、实际操作技能考试实物化(模拟化)要求配置资源。考试机构应当具备与考试工作相适应的资源条件,除符合《特种设备作业人员考核规则》的规定外,还应当符合附件 G(略)的要求。

第十一条 本大纲由国家质量监督检验检疫总局负责解释。

第十二条 本大纲自 2013 年 6 月 1 日起施行。

附件 A 场(厂)内专用机动车辆安全管理人员理论知识

A1 基础知识

A1.1 分类。

A1.2 主要参数和术语。

A1.3 作业的特点。

A2 专业知识

A2.1 基本构造及结构特点。

A2.2 主要系统工作原理及结构特点

A2.2.1 动力系统;

A2.2.2 传动系统;

A2.2.3 行驶系统;

A2.2.4 转向系统;

A2.2.5 制动系统;

A2.2.6 电气系统;

A2.2.7 液压系统;

A2.2.8 安全装置;

A2.2.9 工作装置。

A3 安全知识

A3.1 场车安全知识

A3.1.1 使用管理(登记、检验、变更、停用、注销、报废等);

A3.1.2 安全技术档案管理；

A3.1.3 安全管理人员、维修人员和司机持证上岗要求及人员职责；

A3.1.4 场车安全使用的警示说明和警示标志；

A3.1.5 场车安全运行

A3.1.5.1 安全操作规程；

A3.1.5.2 维护保养；

A3.1.5.3 日常检查与定期检查。

A3.2 场内道路安全知识

A3.2.1 基本要求；

A3.2.2 交通安全标志。

A3.3 事故预防与处理

A3.3.1 事故的分类；

A3.3.2 事故应急措施和救援预案的编制及演练；

A3.3.3 事故的报告与处置；

A3.3.4 案例分析。

A4 法规知识

A4.1 《特种设备安全监察条例》。

A4.2 《特种设备质量监督与安全监察规定》。

A4.3 《特种设备作业人员监督管理办法》。

A4.4 《特种设备作业人员考核规则》(TSG Z6001)。

A4.5 《特种设备注册登记与使用管理规则》。

A4.6 《机电类特种设备安装改造维修许可规则(试行)》。

A4.7 《厂内机动车辆监督检验规程》(2002)。

A4.8 GB/T 16178—2011《场(厂)内机动车辆安全检验技术要求》。

A4.9 GB 4387—2008《工业企业厂内铁路、道路运输安全规程》。

A4.10 其他相关的法律法规。

附件 B 场(厂)内专用机动车辆安全管理人员管理能力

B1 安全管理制度的制定及落实

B1.1 安全技术档案的建立、交接等管理。

B1.2 安全操作、安全运行、自行检查的管理。

B1.3 场车维修保养的管理。

B1.4 定期报验、异地使用、过户、报废等管理。

B1.5 场车行驶道路及交通安全标志管理。

B1.6 人员及其培训教育的管理。

B1.7 事故的应急预案、演练、现场保护、处置及防范措施。

B2 常见故障、危险工况的辨识

附件 C 场(厂)内专用机动车辆维修人员理论知识

C1 基础知识

C1.1 常用材料基础知识

C1.1.1 金属和非金属材料的种类、牌号、性能及应用;

C1.1.2 燃料、润滑油(脂)、液压油的牌号、性能及应用知识。

C1.2 机械基础知识

C1.2.1 机械传动基础知识;

C1.2.2 轮胎规格、分类、组成及应用知识;

C1.2.3 螺纹连接件的类型、结构与代号;

C1.2.4 常用轴承的种类和代号。

C1.3 液压基础知识

C1.3.1 液压泵的符号、结构与原理;

C1.3.2 液压缸、液压马达的符号、结构与原理;

C1.3.3 液压阀的符号、结构与原理;

C1.3.4 液压附件的符号、结构与原理;

C1.3.5 液压传动基本原理。

C1.4 电气基础知识

C1.4.1 电路和电子技术基础知识；

C1.4.2 常用电气元器件的工作原理、规格型号和符号；

C1.4.3 常见基本电路；

C1.4.4 电气控制基本原理。

C1.5 场车常用的标识、符号。

C1.6 维修手册使用及场车图样（机械图、液压原理图、电气原理图）的识别。

C1.7 常用零部件相关知识。

C1.8 常用测量技术及测量仪器仪表的使用方法。

C1.9 常用工具和设备的使用知识。

C1.10 故障的判别分析方法。

C2 专业知识

C2.1 分类和名词术语。

C2.2 工作原理、常见故障及排除

C2.2.1 动力系统；

C2.2.2 传动系统；

C2.2.3 行驶系统；

C2.2.4 转向系统；

C2.2.5 制动系统；

C2.2.6 电气系统；

C2.2.7 液压系统；

C2.2.8 安全装置；

C2.2.9 工作装置。

C2.3 蓄电池的使用维护。

C2.4 场车装配和调试。

C2.5 场车维护保养的相关知识。

C3 安全知识

C3.1 维修人员职责。

C3.2 维修作业安全操作规程。

C3.3 劳动防护用品的正确使用。

C3.4 环境保护、用电安全、消防知识。

C3.5 维护和保养工具设备的安全操作。

C3.6 作业环境危险工况的辨识。

C3.7 发生紧急事故的应急处置。

C4 法规知识

C4.1 《特种设备安全监察条例》。

C4.2 《特种设备质量监督与安全监察规定》。

C4.3 《特种设备作业人员监督管理办法》。

C4.4 《特种设备作业人员考核规则》(TSG Z6001)。

C4.5 《特种设备注册登记与使用管理规则》。

C4.6 《机电类特种设备安装改造维修许可规则(试行)》。

C4.7 《厂内机动车辆监督检验规程》(2002)。

C4.8 GB/T 16178—2011《场(厂)内机动车辆安全检验技术要求》。

C4.9 其他相关的法律法规。

附件 D 场(厂)内专用机动车辆维修人员实际操作技能

D1 基本操作技能

D1.1 技术文件的识别。

D1.2 常用零部件的识别。

D1.3 电气技术操作

D1.3.1 常用测量仪器仪表的使用;

D1.3.2 电压、电流、电阻(含绝缘电阻)的测量;

D1.3.3 电气线路的连接。

D1.4 维护保养的要求和内容。

D2　专业操作技能

D2.1　机械与液压操作技能

D2.1.1　发动机的拆卸、安装、调试；

D2.1.2　离合器的拆卸、安装、调试；

D2.1.3　变速箱的拆卸、安装、调试；

D2.1.4　差速器的拆卸、安装、调试；

D2.1.5　转向器的拆卸、安装、调试；

D2.1.6　制动器的拆卸、安装、调试；

D2.1.7　轮胎的更换、修补；

D2.1.8　油缸、油泵、液压马达、液压阀的拆卸、保养、安装、调试；

D2.1.9　工作装置的拆卸、保养、安装、调试。

D2.2　电气操作技能

D2.2.1　启动机、发电机的拆卸、安装、调试；

D2.2.2　电动机的拆卸、安装、调试；

D2.2.3　控制器的拆卸、安装、调试；

D2.2.4　蓄电池的充电、维护、保养；

D2.2.5　保险丝、仪表、照明信号灯等的检查、调试与拆装；

D2.2.6　开关按钮的功能检查和拆装；

D2.2.7　组合仪表显示的故障识别。

D3　安全操作技能

D3.1　吊装作业安全操作。

D3.2　手持电动工具、照明器具的安全使用。

D3.3　消防和用电安全操作。

D3.4　劳动防护用品的安全使用。

D3.5　液压油、润滑油、燃油等排废安全操作。

D3.6　高温、高压（电压、油压、气压）的安全防护措施。

D3.7　紧急事故的处理。

附件 E 场(厂)内专用机动车辆司机理论知识

E1 基础知识

E1.1 燃油的牌号、性能及应用。

E1.2 润滑油(脂)的牌号、性能及应用知识。

E1.3 轮胎的使用常识。

E1.4 交通法规和作业场所标识。

E1.5 场车的基本原理与工作条件。

E2 专业知识

E2.1 场车的分类。

E2.2 场车的主要参数和术语。

E2.3 场车的基本结构。

E2.4 场车操纵装置

E2.4.1 行车制动操纵装置;

E2.4.2 停车制动操纵装置;

E2.4.3 转向操纵装置;

E2.4.4 换向、换挡操纵装置;

E2.4.5 工作装置操纵装置。

E2.5 场车仪表功能。

E2.6 蓄电池的正确使用。

E2.7 维护保养及简单故障排除。

E3 安全知识

E3.1 安全使用要求。

E3.2 司机职责。

E3.3 安全操作规程和日常安全管理制度。

E3.4 场车的日常维护保养和例行检查。

E3.5 常见故障和危险工况的辨识。

E3.6 场内道路安全知识

E3.6.1 基本要求；

E3.6.2 交通安全标志。

E3.7 事故应急处置。

E4 法规知识

E4.1 《特种设备安全监察条例》。

E4.2 《特种设备质量监督与安全监察规定》。

E4.3 《特种设备作业人员监督管理办法》。

E4.4 《特种设备作业人员考核规则》(TSG Z6001)。

E4.5 《特种设备注册登记与使用管理规则》。

E4.6 《厂内机动车辆监督检验规程》(2002)。

E4.7 GB 4387—2008《工业企业厂内铁路、道路运输安全规程》。

E4.8 其他相关的法律法规。

附件 F 场(厂)内专用机动场车司机实际操作技能

场车操作人员实际技能考试,包括场地考试和场内道路考试。

场地考试是指司机在相对封闭的、狭小的专用考试区域内,完成起步、前进、倒车、转向、停车、作业等规定项目的考试。

场内道路考试是指司机在具有弯道、坡道、厂内交通指示标志等特性的、距离较长的专用考试区域内,完成起步、加减挡变换、转向、坡道定点停车与起步、调头、停车等项目的考试。场地考试是在专用的考试场地进行,场内道路考试是在类似实际的道路上进行,场地考试合格后,方可进行场内道路考试。

F1 场地考试

考核司机的场车起步、前进、倒车、转向、停车、作业等基本操作的熟练程度,并观察其判断和控制能力。

考试采用单独驾驶的方式,按照所考车型规定的线路,完成规定的项目。

F1.1　叉车

F1.1.1　考试线路图

叉车场地考试线路如图 F-1 所示。

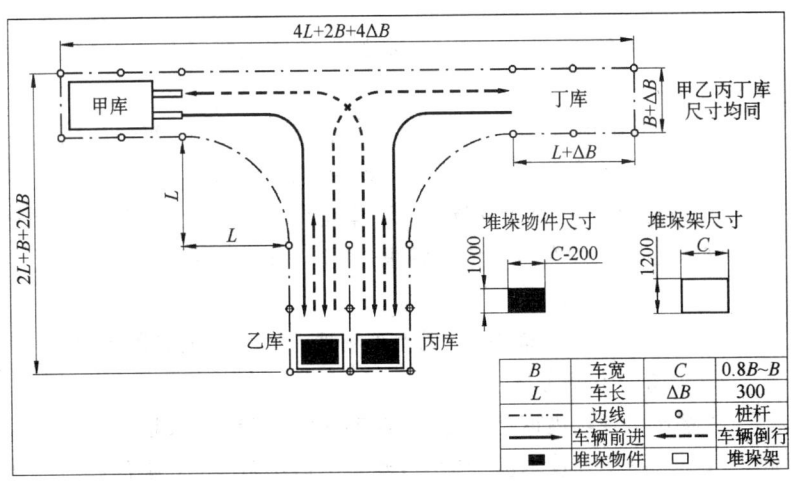

图 F-1　叉车场地考试线路图

注 F-1：①乙丙库堆垛架设定两层,乙库各层高度分别为 0 m(地面)和 1.5 m,丙库各层高度分别为 0.5 m 和 2 m;②堆垛物件的高度不低于 0.5 m;③车长 L 包括货叉的长度。

F1.1.2　考试流程

司机顺序完成以下考试流程动作,即完成该项目考试:

甲库起步→前进至乙库,拆垛堆垛物件→后退至载有堆垛物件的货叉完全退出堆垛架→前进并将堆垛物件堆垛至堆垛架另一层→后退至丁库→前进至丙库,拆垛堆垛物件→后退至载有堆垛物件的货叉完全退出堆垛架→前进并将堆垛物件堆垛至堆垛架另一层→后退至甲库停车→结束。

F1.1.3　评分

叉车场地考试评分表见附录 f1。

F1.2　搬运车、牵引车、推顶车、观光车

F1.2.1　考试线路图

搬运车、牵引车、推顶车、观光车场地考试线路如图 F-2 所示。

F1.2.2　考试流程

司机根据场车位置，完成 A 或者 B 考试流程动作，即完成该项目考试。

（1）A 考试流程，开始→场车从甲库起步→直线前行→绕桩行驶→前行驶入丙库→倒车入丁库→结束（如图 F-2 所示）；

（2）B 考试流程，开始→场车从丁库起步→直线前行→绕桩行驶→前行驶入乙库→倒车入甲库→结束（图 F-2 中未标示）。

F1.2.3　评分

搬运车、牵引车、推顶车、观光车场地考试评分表见附录 f2。

F2　场内道路考试

考察司机在场内道路中起步、加减挡变换、转向、坡道定点停车与起步、调头、停车等技术应变能力，遵守交通法规及《工业企业厂内铁路、道路运输安全规程》、安全操作规程的情况和实际驾驶技术水平。

考试采用司机和考评员同乘考试场车（无法同乘的场车，考评员随其他交通工具随行）的方式，由司机驾驶、操纵所考车型，根据考评员的指示，完成道路行驶的相关动作。道路考试时，场车行驶距离应当不小于 200 m。

F2.1　叉车

F2.1.1　考试要求

要求司机在考试过程中，顺序完成以下动作：

司机检查场车→门架起升后倾→松开驻车制动，鸣号起步→按照厂区规定行车→按照考评员指示完成加减挡变换、转向、坡道定点停车与起步、调头等动作→停车，门架下降前倾→拉紧驻车制动、熄火、拔下钥匙。

F2.1.2　评分

叉车场内道路考试评分表见附录 f3。

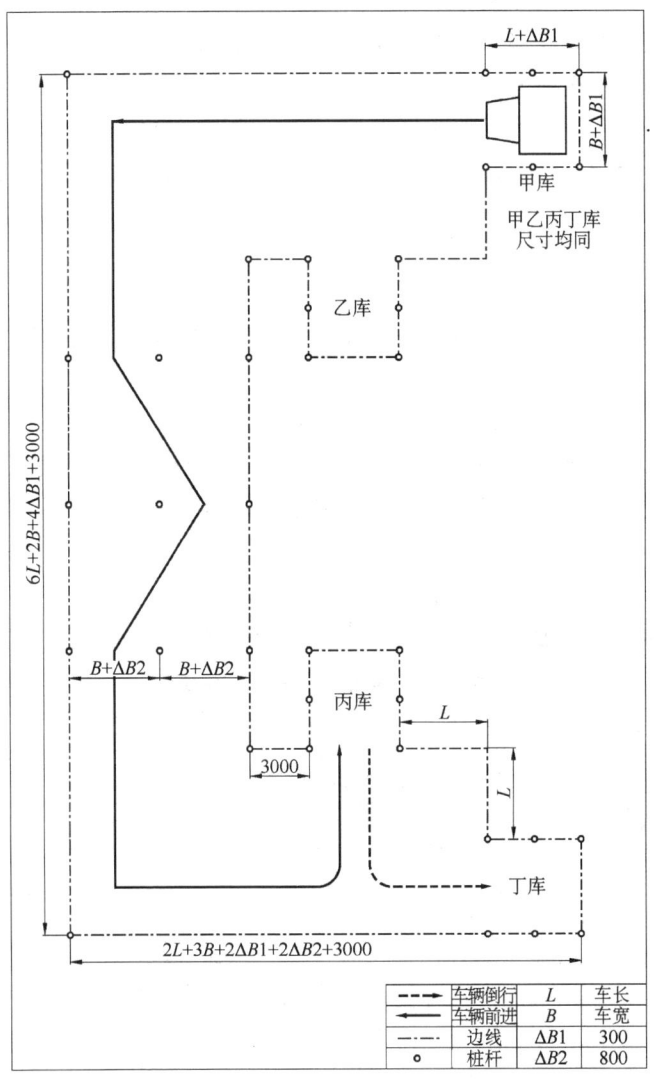

图 F-2 搬运车、牵引车、推顶车和观光车场地考试线路图

F2.2 搬运车、牵引车、推顶车、观光车

F2.2.1 考试要求

要求司机在考试过程中，顺序完成以下动作：

司机检查场车→松开驻车制动，鸣号起步→按照厂区规定行车→按照考评员指示完成加减挡变换、转向、坡道定点停车与起步、调头等动作→停车→拉紧驻车制动、熄火（蓄电池观光车为关电门）、拔下钥匙。

注 F-2：道路考试时，牵引车应当牵引一节挂车。

F2.2.2 评分

搬运车、牵引车、推顶车、观光车场内道路考试评分表见附录 f4。

F3 实际操作技能考试综合评定

场地考试、场内道路考试成绩均采用百分制，60 分合格。场地考试、场内道路考试成绩均合格，则实际操作技能考试综合评定为合格。

单项考试科目不合格者，1 年内允许申请补考 1 次。两项均不合格或者补考仍不合格者，应当重新申请考试。

附录 f1 叉车场地考试评分表

姓名			身份证编号			
规定考试时间	4 分钟		实际操作时间	分钟 秒		
序号	流程	项目		扣分标准	违例次数	扣分
1	起步	启动前，未检查场车状态		每次扣 2 分		
2		启动前，未系好安全带		每次扣 5 分		
3		起步前，不鸣号		每次扣 2 分		
4		起步时，未松开驻车制动		每次扣 5 分		
5		起步不平稳		每次扣 5 分		

续表

姓名			身份证编号				
规定考试时间		4 分钟	实际操作时间		分钟　　秒		
序号	流程	项目		扣分标准		违例次数	扣分
6		换挡不规范		每次扣 5 分			
7		离合器使用不规范		每次扣 5 分			
8		原地打方向		每次扣 2 分			
9		行车制动使用不当		每次扣 5 分			
10		熄火		每次扣 10 分			
11	行驶	擦桩、压线		每次扣 10 分			
12		货叉拖地运行或者堆垛物件落地		每次扣 10 分			
13		货叉未后倾		每次扣 5 分			
14		货叉离地不在 20～30 cm 范围内		每次扣 5 分			
15		司机身体探出车身外		每次扣 10 分			
16		司机离开座位		每次扣 5 分			
17		货叉进出堆垛物件时,堆垛物件移动大于 20 cm		每次扣 10 分			
18		堆垛拆垛时还手(即货叉插入堆垛物件时,位置不对,场车倒退后重新插入)		每次扣 5 分			
19	作业	货叉起升时,货叉未完全插入堆垛物件或者货物重心不稳		每次扣 10 分			
20							
21		门架未按顺序动作		每次扣 2 分			
		堆垛物件摆放不到位		每次扣 2 分			
22		停车压线		每次扣 10 分			
23	停车	操作杆未复位		每次扣 5 分			
24		货叉未落地,未拉紧驻车制动,未切断电源		每次扣 5 分			

续表

姓名			身份证编号			
规定考试时间		4 分钟	实际操作时间		分钟　秒	
序号	流程	项目	扣分标准	违例次数		扣分
25	其他	操作超时	每 10 秒扣 2 分			
26		未按照要求完成规定项目	不合格			
27		中途熄火 2 次以上（含 2 次）	不合格			
28		碰倒桩杆	不合格			
29		整个轮胎出线	不合格			
30		未按规定路线行驶（堆垛拆垛时还手除外）	不合格			

本科目得分（＝100－总扣分）：

备注：

现场考评人员：

附录 f2　搬运车、牵引车、推顶车和观光车场地考试评分表

姓名			身份证编号			
规定考试时间		4 分钟	实际操作时间		分钟　秒	
序号	流程	项目	扣分标准	违例次数		扣分
1	起步	启动前，未检查场车状态	每次扣 2 分			
2		启动前，未系好安全带	每次扣 5 分			
3		起步前，不鸣号	每次扣 2 分			
4		起步时，未松开驻车制动	每次扣 5 分			
5		起步不平稳	每次扣 5 分			

续表

姓名			身份证编号				
规定考试时间		4 分钟	实际操作时间		分钟　秒		
序号	流程	项目		扣分标准		违例次数	扣分
6	行驶	换挡不规范		每次扣 5 分			
7		离合器使用不规范		每次扣 5 分			
8		原地打方向		每次扣 2 分			
9		行车制动使用不当		每次扣 5 分			
10		熄火(不适用于蓄电池观光车)		每次扣 10 分			
11		擦桩、压线		每次扣 10 分			
12		司机身体探出车身外		每次扣 10 分			
13		司机离开座位		每次扣 5 分			
14	停车	停车压线		每次扣 10 分			
15		操作杆未复位		每次扣 5 分			
16		未拉紧驻车制动,未切断电源		每次扣 5 分			
17	其他	操作超时		每 10 秒扣 2 分			
18		未按照要求完成规定项目		不合格			
19		中途熄火 2 次以上(含 2 次,不适用于蓄电池观光车)		不合格			
20		碰倒桩杆		不合格			
21		整个轮胎出线		不合格			
22		未按规定路线行驶		不合格			

本科目得分(＝100－总扣分):

备注:

现场考评人员:

附录 f3　叉车场内道路考试评分表

姓名				身份证编号			

序号	流程	项目	扣分标准	违例次数	扣分
1	起步	启动前，未检查场车状态	每次扣 2 分		
2		启动前，未系好安全带	每次扣 5 分		
3		起步前，不鸣号，不打方向灯	每次扣 2 分		
4		起步时，未松开驻车制动	每次扣 5 分		
5		起步不平稳	每次扣 5 分		
6	行驶	换挡不规范	每次扣 5 分		
7		离合器使用不规范	每次扣 5 分		
8		方向灯使用不规范	每次扣 5 分		
9		行车制动使用不规范	每次扣 10 分		
10		调头、转向时，打急舵	每次扣 5 分		
11		熄火	每次扣 15 分		
12		货叉拖地运行	每次扣 5 分		
13		货叉未后倾	每次扣 10 分		
14		货叉离地不在 20～30 cm 范围内	每次扣 5 分		
15		坡道停车时，距离停车线误差大于 20 cm	每次扣 10 分		
16		坡道起步时，溜车大于 20 cm，但不大于 50 cm	每次扣 10 分		
17	停车	操作杆未复位	每次扣 5 分		
18		未切断电源，未拉紧驻车制动，货叉未落地	每次扣 5 分		
19	其他	未按照考评员要求完成项目	不合格		
20		中途熄火 2 次以上（含 2 次）	不合格		
21		违反厂区内道路行驶规定	不合格		
22		坡道起步时，溜车大于 50 cm	不合格		
23		紧急情况处理不当	不合格		

续表

姓名			身份证编号			
序号	流程	项目		扣分标准	违例次数	扣分

本科目得分(＝100－总扣分)：

备注：

现场考评人员：

附录 f4 搬运车、牵引车、推顶车和观光车场内道路考试评分表

姓名			身份证编号			
序号	流程	项目	扣分标准	违例次数	扣分
1		启动前,未检查场车状态	每次扣2分		
2		启动前,未系好安全带	每次扣5分		
3	起步	起步前,不鸣号	每次扣2分		
4		起步时,未松开驻车制动	每次扣5分		
5		起步不平稳	每次扣5分		
6		换挡不规范	每次扣5分		
7		离合器使用不规范	每次扣5分		
8		方向灯使用不规范	每次扣5分		
9		调头、转向时,打急舵	每次扣5分		
10	行驶	行车制动使用不规范	每次扣10分		
11		熄火(不适用于蓄电池观光车)	每次扣15分		
12		坡道停车时,距离停车线误差大于20 cm	每次扣10分		
13		坡道起步时,溜车大于20 cm,但不大于50 cm	每次扣10分		

姓名			身份证编号			
序号	流程	项目		扣分标准	违例次数	扣分
14	停车	操作杆未复位		每次扣5分		
15		未切断电源，未拉紧驻车制动		每次扣5分		
16	其他	未按照考评员要求完成项目		不合格		
17		中途熄火2次以上（含2次，不适用于蓄电池观光车）		不合格		
18		违反厂区内道路行驶规定		不合格		
19		坡道起步时，溜车大于50 cm		不合格		
20		紧急情况处理不当		不合格		

本科目得分（＝100－总扣分）：

备注：

现场考评人员：

附录二 中华人民共和国特种设备安全法

第一章 总则

第一条 为了加强特种设备安全工作,预防特种设备事故,保障人身和财产安全,促进经济社会发展,制定本法。

第二条 特种设备的生产(包括设计、制造、安装、改造、修理)、经营、使用、检验、检测和特种设备安全的监督管理,适用本法。

本法所称特种设备,是指对人身和财产安全有较大危险性的锅炉、压力容器(含气瓶)、压力管道、电梯、起重机械、客运索道、大型游乐设施、场(厂)内专用机动车辆,以及法律、行政法规规定适用本法的其他特种设备。

国家对特种设备实行目录管理。特种设备目录由国务院负责特种设备安全监督管理的部门制定,报国务院批准后执行。

第三条 特种设备安全工作应当坚持安全第一、预防为主、节能环保、综合治理的原则。

第四条 国家对特种设备的生产、经营、使用,实施分类的、全过程的安全监督管理。

第五条 国务院负责特种设备安全监督管理的部门对全国特种设备安全实施监督管理。县级以上地方各级人民政府负责特种设备安全监督管理的部门对本行政区域内特种设备安全实施监督管理。

第六条 国务院和地方各级人民政府应当加强对特种设备安全工作的领导,督促各有关部门依法履行监督管理职责。

县级以上地方各级人民政府应当建立协调机制，及时协调、解决特种设备安全监督管理中存在的问题。

第七条 特种设备生产、经营、使用单位应当遵守本法和其他有关法律、法规，建立、健全特种设备安全和节能责任制度，加强特种设备安全和节能管理，确保特种设备生产、经营、使用安全，符合节能要求。

第八条 特种设备生产、经营、使用、检验、检测应当遵守有关特种设备安全技术规范及相关标准。

特种设备安全技术规范由国务院负责特种设备安全监督管理的部门制定。

第九条 特种设备行业协会应当加强行业自律，推进行业诚信体系建设，提高特种设备安全管理水平。

第十条 国家支持有关特种设备安全的科学技术研究，鼓励先进技术和先进管理方法的推广应用，对做出突出贡献的单位和个人给予奖励。

第十一条 负责特种设备安全监督管理的部门应当加强特种设备安全宣传教育，普及特种设备安全知识，增强社会公众的特种设备安全意识。

第十二条 任何单位和个人有权向负责特种设备安全监督管理的部门和有关部门举报涉及特种设备安全的违法行为，接到举报的部门应当及时处理。

第二章 生产、经营、使用

第一节 一般规定

第十三条 特种设备生产、经营、使用单位及其主要负责人对其生产、经营、使用的特种设备安全负责。

特种设备生产、经营、使用单位应当按照国家有关规定配备特种设备安全管理人员、检测人员和作业人员，并对其进行必要的安全教育和技能培训。

第十四条 特种设备安全管理人员、检测人员和作业人员应当按照国家有关规定取得相应资格,方可从事相关工作。特种设备安全管理人员、检测人员和作业人员应当严格执行安全技术规范和管理制度,保证特种设备安全。

第十五条 特种设备生产、经营、使用单位对其生产、经营、使用的特种设备应当进行自行检测和维护保养,对国家规定实行检验的特种设备应当及时申报并接受检验。

第十六条 特种设备采用新材料、新技术、新工艺,与安全技术规范的要求不一致,或者安全技术规范未作要求、可能对安全性能有重大影响的,应当向国务院负责特种设备安全监督管理的部门申报,由国务院负责特种设备安全监督管理的部门及时委托安全技术咨询机构或者相关专业机构进行技术评审,评审结果经国务院负责特种设备安全监督管理的部门批准,方可投入生产、使用。

国务院负责特种设备安全监督管理的部门应当将允许使用的新材料、新技术、新工艺的有关技术要求,及时纳入安全技术规范。

第十七条 国家鼓励投保特种设备安全责任保险。

第二节　生产

第十八条 国家按照分类监督管理的原则对特种设备生产实行许可制度。特种设备生产单位应当具备下列条件,并经负责特种设备安全监督管理的部门许可,方可从事生产活动:

(一)有与生产相适应的专业技术人员;

(二)有与生产相适应的设备、设施和工作场所;

(三)有健全的质量保证、安全管理和岗位责任等制度。

第十九条 特种设备生产单位应当保证特种设备生产符合安全技术规范及相关标准的要求,对其生产的特种设备的安全性能负责。不得生产不符合安全性能要求和能效指标以及国家明令淘汰的特种设备。

第二十条 锅炉、气瓶、氧舱、客运索道、大型游乐设施的设计文件，应当经负责特种设备安全监督管理的部门核准的检验机构鉴定，方可用于制造。

特种设备产品、部件或者试制的特种设备新产品、新部件以及特种设备采用的新材料，按照安全技术规范的要求需要通过型式试验进行安全性验证的，应当经负责特种设备安全监督管理的部门核准的检验机构进行型式试验。

第二十一条 特种设备出厂时，应当随附安全技术规范要求的设计文件、产品质量合格证明、安装及使用维护保养说明、监督检验证明等相关技术资料和文件，并在特种设备显著位置设置产品铭牌、安全警示标志及其说明。

第二十二条 电梯的安装、改造、修理，必须由电梯制造单位或者其委托的依照本法取得相应许可的单位进行。电梯制造单位委托其他单位进行电梯安装、改造、修理的，应当对其安装、改造、修理进行安全指导和监控，并按照安全技术规范的要求进行校验和调试。电梯制造单位对电梯安全性能负责。

第二十三条 特种设备安装、改造、修理的施工单位应当在施工前将拟进行的特种设备安装、改造、修理情况书面告知直辖市或者设区的市级人民政府负责特种设备安全监督管理的部门。

第二十四条 特种设备安装、改造、修理竣工后，安装、改造、修理的施工单位应当在验收后三十日内将相关技术资料和文件移交特种设备使用单位。特种设备使用单位应当将其存入该特种设备的安全技术档案。

第二十五条 锅炉、压力容器、压力管道元件等特种设备的制造过程和锅炉、压力容器、压力管道、电梯、起重机械、客运索道、大型游乐设施的安装、改造、重大修理过程，应当经特种设备检验机构按照安全技术规范的要求进行监督检验；未经监督检验或者监督检验不合格的，不得出厂或者交付使用。

第二十六条　国家建立缺陷特种设备召回制度。因生产原因造成特种设备存在危及安全的同一性缺陷的,特种设备生产单位应当立即停止生产,主动召回。

国务院负责特种设备安全监督管理的部门发现特种设备存在应当召回而未召回的情形时,应当责令特种设备生产单位召回。

第三节　经营

第二十七条　特种设备销售单位销售的特种设备,应当符合安全技术规范及相关标准的要求,其设计文件、产品质量合格证明、安装及使用维护保养说明、监督检验证明等相关技术资料和文件应当齐全。

特种设备销售单位应当建立特种设备检查验收和销售记录制度。

禁止销售未取得许可生产的特种设备,未经检验和检验不合格的特种设备,或者国家明令淘汰和已经报废的特种设备。

第二十八条　特种设备出租单位不得出租未取得许可生产的特种设备或者国家明令淘汰和已经报废的特种设备,以及未按照安全技术规范的要求进行维护保养和未经检验或者检验不合格的特种设备。

第二十九条　特种设备在出租期间的使用管理和维护保养义务由特种设备出租单位承担,法律另有规定或者当事人另有约定的除外。

第三十条　进口的特种设备应当符合我国安全技术规范的要求,并经检验合格;需要取得我国特种设备生产许可的,应当取得许可。

进口特种设备随附的技术资料和文件应当符合本法第二十一条的规定,其安装及使用维护保养说明、产品铭牌、安全警示标志及其说明应当采用中文。

特种设备的进出口检验,应当遵守有关进出口商品检验的法律、行政法规。

第三十一条 进口特种设备,应当向进口地负责特种设备安全监督管理的部门履行提前告知义务。

第四节 使用

第三十二条 特种设备使用单位应当使用取得许可生产并经检验合格的特种设备。

禁止使用国家明令淘汰和已经报废的特种设备。

第三十三条 特种设备使用单位应当在特种设备投入使用前或者投入使用后三十日内,向负责特种设备安全监督管理的部门办理使用登记,取得使用登记证书。登记标志应当置于该特种设备的显著位置。

第三十四条 特种设备使用单位应当建立岗位责任、隐患治理、应急救援等安全管理制度,制定操作规程,保证特种设备安全运行。

第三十五条 特种设备使用单位应当建立特种设备安全技术档案。安全技术档案应当包括以下内容:

（一）特种设备的设计文件、产品质量合格证明、安装及使用维护保养说明、监督检验证明等相关技术资料和文件;

（二）特种设备的定期检验和定期自行检查记录;

（三）特种设备的日常使用状况记录;

（四）特种设备及其附属仪器仪表的维护保养记录;

（五）特种设备的运行故障和事故记录。

第三十六条 电梯、客运索道、大型游乐设施等为公众提供服务的特种设备的运营使用单位,应当对特种设备的使用安全负责,设置特种设备安全管理机构或者配备专职的特种设备安全管理人员;其他特种设备使用单位,应当根据情况设置特种设备安全管理机构或者配备专职、兼职的特种设备安全管理人员。

第三十七条 特种设备的使用应当具有规定的安全距离、安全防护措施。

与特种设备安全相关的建筑物、附属设施,应当符合有关法律、行政法规的规定。

第三十八条　特种设备属于共有的,共有人可以委托物业服务单位或者其他管理人管理特种设备,受托人履行本法规定的特种设备使用单位的义务,承担相应责任。共有人未委托的,由共有人或者实际管理人履行管理义务,承担相应责任。

第三十九条　特种设备使用单位应当对其使用的特种设备进行经常性维护保养和定期自行检查,并作出记录。

特种设备使用单位应当对其使用的特种设备的安全附件、安全保护装置进行定期校验、检修,并作出记录。

第四十条　特种设备使用单位应当按照安全技术规范的要求,在检验合格有效期届满前一个月向特种设备检验机构提出定期检验要求。

特种设备检验机构接到定期检验要求后,应当按照安全技术规范的要求及时进行安全性能检验。特种设备使用单位应当将定期检验标志置于该特种设备的显著位置。

未经定期检验或者检验不合格的特种设备,不得继续使用。

第四十一条　特种设备安全管理人员应当对特种设备使用状况进行经常性检查,发现问题应当立即处理;情况紧急时,可以决定停止使用特种设备并及时报告本单位有关负责人。

特种设备作业人员在作业过程中发现事故隐患或者其他不安全因素,应当立即向特种设备安全管理人员和单位有关负责人报告;特种设备运行不正常时,特种设备作业人员应当按照操作规程采取有效措施保证安全。

第四十二条　特种设备出现故障或者发生异常情况,特种设备使用单位应当对其进行全面检查,消除事故隐患,方可继续使用。

第四十三条　客运索道、大型游乐设施在每日投入使用前,其运营使用单位应当进行试运行和例行安全检查,并对安全附件和安全保护装置进行检查确认。

电梯、客运索道、大型游乐设施的运营使用单位应当将电梯、客运索道、大型游乐设施的安全使用说明、安全注意事项和警示标志置于易于为乘客注意的显著位置。

公众乘坐或者操作电梯、客运索道、大型游乐设施，应当遵守安全使用说明和安全注意事项的要求，服从有关工作人员的管理和指挥；遇有运行不正常时，应当按照安全指引，有序撤离。

第四十四条 锅炉使用单位应当按照安全技术规范的要求进行锅炉水（介）质处理，并接受特种设备检验机构的定期检验。

从事锅炉清洗，应当按照安全技术规范的要求进行，并接受特种设备检验机构的监督检验。

第四十五条 电梯的维护保养应当由电梯制造单位或者依照本法取得许可的安装、改造、修理单位进行。

电梯的维护保养单位应当在维护保养中严格执行安全技术规范的要求，保证其维护保养的电梯的安全性能，并负责落实现场安全防护措施，保证施工安全。

电梯的维护保养单位应当对其维护保养的电梯的安全性能负责；接到故障通知后，应当立即赶赴现场，并采取必要的应急救援措施。

第四十六条 电梯投入使用后，电梯制造单位应当对其制造的电梯的安全运行情况进行跟踪调查和了解，对电梯的维护保养单位或者使用单位在维护保养和安全运行方面存在的问题，提出改进建议，并提供必要的技术帮助；发现电梯存在严重事故隐患时，应当及时告知电梯使用单位，并向负责特种设备安全监督管理的部门报告。电梯制造单位对调查和了解的情况，应当作出记录。

第四十七条 特种设备进行改造、修理，按照规定需要变更使用登记的，应当办理变更登记，方可继续使用。

第四十八条 特种设备存在严重事故隐患，无改造、修理价值，或者达到安全技术规范规定的其他报废条件的,特种设备使用单位应当依法履行报废义务,采取必要措施消除该特种设备的使用功能,并向原登记的负责特种设备安全监督管理的部门办理使用登记证书注销手续。

前款规定报废条件以外的特种设备,达到设计使用年限可以继续使用的,应当按照安全技术规范的要求通过检验或者安全评估,并办理使用登记证书变更,方可继续使用。允许继续使用的,应当采取加强检验、检测和维护保养等措施,确保使用安全。

第四十九条 移动式压力容器、气瓶充装单位,应当具备下列条件,并经负责特种设备安全监督管理的部门许可,方可从事充装活动:

(一)有与充装和管理相适应的管理人员和技术人员;

(二)有与充装和管理相适应的充装设备、检测手段、场地厂房、器具、安全设施;

(三)有健全的充装管理制度、责任制度、处理措施。

充装单位应当建立充装前后的检查、记录制度,禁止对不符合安全技术规范要求的移动式压力容器和气瓶进行充装。

气瓶充装单位应当向气体使用者提供符合安全技术规范要求的气瓶,对气体使用者进行气瓶安全使用指导,并按照安全技术规范的要求办理气瓶使用登记,及时申报定期检验。

第三章 检验、检测

第五十条 从事本法规定的监督检验、定期检验的特种设备检验机构,以及为特种设备生产、经营、使用提供检测服务的特种设备检测机构,应当具备下列条件,并经负责特种设备安全监督管理的部门核准,方可从事检验、检测工作:

(一)有与检验、检测工作相适应的检验、检测人员;

(二)有与检验、检测工作相适应的检验、检测仪器和设备;

（三）有健全的检验、检测管理制度和责任制度。

第五十一条 特种设备检验、检测机构的检验、检测人员应当经考核，取得检验、检测人员资格，方可从事检验、检测工作。

特种设备检验、检测机构的检验、检测人员不得同时在两个以上检验、检测机构中执业；变更执业机构的，应当依法办理变更手续。

第五十二条 特种设备检验、检测工作应当遵守法律、行政法规的规定，并按照安全技术规范的要求进行。

特种设备检验、检测机构及其检验、检测人员应当依法为特种设备生产、经营、使用单位提供安全、可靠、便捷、诚信的检验、检测服务。

第五十三条 特种设备检验、检测机构及其检验、检测人员应当客观、公正、及时地出具检验、检测报告，并对检验、检测结果和鉴定结论负责。

特种设备检验、检测机构及其检验、检测人员在检验、检测中发现特种设备存在严重事故隐患时，应当及时告知相关单位，并立即向负责特种设备安全监督管理的部门报告。

负责特种设备安全监督管理的部门应当组织对特种设备检验、检测机构的检验、检测结果和鉴定结论进行监督抽查，但应当防止重复抽查。监督抽查结果应当向社会公布。

第五十四条 特种设备生产、经营、使用单位应当按照安全技术规范的要求向特种设备检验、检测机构及其检验、检测人员提供特种设备相关资料和必要的检验、检测条件，并对资料的真实性负责。

第五十五条 特种设备检验、检测机构及其检验、检测人员对检验、检测过程中知悉的商业秘密，负有保密义务。

特种设备检验、检测机构及其检验、检测人员不得从事有关特种设备的生产、经营活动，不得推荐或者监制、监销特种设备。

第五十六条 特种设备检验机构及其检验人员利用检验工作故意刁难特种设备生产、经营、使用单位的，特种设备生产、经营、使用单位有权向负责特种设备安全监督管理的部门投诉,接到投诉的部门应当及时进行调查处理。

第四章　监督管理

第五十七条　负责特种设备安全监督管理的部门依照本法规定,对特种设备生产、经营、使用单位和检验、检测机构实施监督检查。

负责特种设备安全监督管理的部门应当对学校、幼儿园以及医院、车站、客运码头、商场、体育场馆、展览馆、公园等公众聚集场所的特种设备,实施重点安全监督检查。

第五十八条　负责特种设备安全监督管理的部门实施本法规定的许可工作,应当依照本法和其他有关法律、行政法规规定的条件和程序以及安全技术规范的要求进行审查;不符合规定的,不得许可。

第五十九条　负责特种设备安全监督管理的部门在办理本法规定的许可时,其受理、审查、许可的程序必须公开,并应当自受理申请之日起三十日内,作出许可或者不予许可的决定;不予许可的,应当书面向申请人说明理由。

第六十条　负责特种设备安全监督管理的部门对依法办理使用登记的特种设备应当建立完整的监督管理档案和信息查询系统;对达到报废条件的特种设备,应当及时督促特种设备使用单位依法履行报废义务。

第六十一条　负责特种设备安全监督管理的部门在依法履行监督检查职责时,可以行使下列职权:

(一)进入现场进行检查,向特种设备生产、经营、使用单位和检验、检测机构的主要负责人和其他有关人员调查、了解有关情况;

(二)根据举报或者取得的涉嫌违法证据,查阅、复制特种设备生产、经营、使用单位和检验、检测机构的有关合同、发票、账簿以及其他有关资料;

（三）对有证据表明不符合安全技术规范要求或者存在严重事故隐患的特种设备实施查封、扣押；

（四）对流入市场的达到报废条件或者已经报废的特种设备实施查封、扣押；

（五）对违反本法规定的行为作出行政处罚决定。

第六十二条 负责特种设备安全监督管理的部门在依法履行职责过程中，发现违反本法规定和安全技术规范要求的行为或者特种设备存在事故隐患时，应当以书面形式发出特种设备安全监察指令，责令有关单位及时采取措施予以改正或者消除事故隐患。紧急情况下要求有关单位采取紧急处置措施的，应当随后补发特种设备安全监察指令。

第六十三条 负责特种设备安全监督管理的部门在依法履行职责过程中，发现重大违法行为或者特种设备存在严重事故隐患时，应当责令有关单位立即停止违法行为、采取措施消除事故隐患，并及时向上级负责特种设备安全监督管理的部门报告。接到报告的负责特种设备安全监督管理的部门应当采取必要措施，及时予以处理。

对违法行为、严重事故隐患的处理需要当地人民政府和有关部门的支持、配合时，负责特种设备安全监督管理的部门应当报告当地人民政府，并通知其他有关部门。当地人民政府和其他有关部门应当采取必要措施，及时予以处理。

第六十四条 地方各级人民政府负责特种设备安全监督管理的部门不得要求已经依照本法规定在其他地方取得许可的特种设备生产单位重复取得许可，不得要求对已经依照本法规定在其他地方检验合格的特种设备重复进行检验。

第六十五条 负责特种设备安全监督管理的部门的安全监察人员应当熟悉相关法律、法规，具有相应的专业知识和工作经验，取得特种设备安全行政执法证件。

特种设备安全监察人员应当忠于职守、坚持原则、秉公执法。

负责特种设备安全监督管理的部门实施安全监督检查时,应当有二名以上特种设备安全监察人员参加,并出示有效的特种设备安全行政执法证件。

第六十六条　负责特种设备安全监督管理的部门对特种设备生产、经营、使用单位和检验、检测机构实施监督检查,应当对每次监督检查的内容、发现的问题及处理情况作出记录,并由参加监督检查的特种设备安全监察人员和被检查单位的有关负责人签字后归档。被检查单位的有关负责人拒绝签字的,特种设备安全监察人员应当将情况记录在案。

第六十七条　负责特种设备安全监督管理的部门及其工作人员不得推荐或者监制、监销特种设备;对履行职责过程中知悉的商业秘密负有保密义务。

第六十八条　国务院负责特种设备安全监督管理的部门和省、自治区、直辖市人民政府负责特种设备安全监督管理的部门应当定期向社会公布特种设备安全总体状况。

第五章　事故应急救援与调查处理

第六十九条　国务院负责特种设备安全监督管理的部门应当依法组织制定特种设备重特大事故应急预案,报国务院批准后纳入国家突发事件应急预案体系。

县级以上地方各级人民政府及其负责特种设备安全监督管理的部门应当依法组织制定本行政区域内特种设备事故应急预案,建立或者纳入相应的应急处置与救援体系。

特种设备使用单位应当制定特种设备事故应急专项预案,并定期进行应急演练。

第七十条　特种设备发生事故后,事故发生单位应当按照应急预案采取措施,组织抢救,防止事故扩大,减少人员伤亡和财产损失,保护事故现场和有关证据,并及时向事故发生地县级以上人民政府负责特种设备安全监督管理的部门和有关部门报告。

　　县级以上人民政府负责特种设备安全监督管理的部门接到事故报告，应当尽快核实情况，立即向本级人民政府报告，并按照规定逐级上报。必要时，负责特种设备安全监督管理的部门可以越级上报事故情况。对特别重大事故、重大事故，国务院负责特种设备安全监督管理的部门应当立即报告国务院并通报国务院安全生产监督管理部门等有关部门。

　　与事故相关的单位和人员不得迟报、谎报或者瞒报事故情况，不得隐匿、毁灭有关证据或者故意破坏事故现场。

　　第七十一条　事故发生地人民政府接到事故报告，应当依法启动应急预案，采取应急处置措施，组织应急救援。

　　第七十二条　特种设备发生特别重大事故，由国务院或者国务院授权有关部门组织事故调查组进行调查。

　　发生重大事故，由国务院负责特种设备安全监督管理的部门会同有关部门组织事故调查组进行调查。

　　发生较大事故，由省、自治区、直辖市人民政府负责特种设备安全监督管理的部门会同有关部门组织事故调查组进行调查。

　　发生一般事故，由设区的市级人民政府负责特种设备安全监督管理的部门会同有关部门组织事故调查组进行调查。

　　事故调查组应当依法、独立、公正开展调查，提出事故调查报告。

　　第七十三条　组织事故调查的部门应当将事故调查报告报本级人民政府，并报上一级人民政府负责特种设备安全监督管理的部门备案。有关部门和单位应当依照法律、行政法规的规定，追究事故责任单位和人员的责任。

　　事故责任单位应当依法落实整改措施，预防同类事故发生。事故造成损害的，事故责任单位应当依法承担赔偿责任。

第六章　法律责任

第七十四条　违反本法规定,未经许可从事特种设备生产活动的,责令停止生产,没收违法制造的特种设备,处十万元以上五十万元以下罚款;有违法所得的,没收违法所得;已经实施安装、改造、修理的,责令恢复原状或者责令限期由取得许可的单位重新安装、改造、修理。

第七十五条　违反本法规定,特种设备的设计文件未经鉴定,擅自用于制造的,责令改正,没收违法制造的特种设备,处五万元以上五十万元以下罚款。

第七十六条　违反本法规定,未进行型式试验的,责令限期改正;逾期未改正的,处三万元以上三十万元以下罚款。

第七十七条　违反本法规定,特种设备出厂时,未按照安全技术规范的要求随附相关技术资料和文件的,责令限期改正;逾期未改正的,责令停止制造、销售,处二万元以上二十万元以下罚款;有违法所得的,没收违法所得。

第七十八条　违反本法规定,特种设备安装、改造、修理的施工单位在施工前未书面告知负责特种设备安全监督管理的部门即行施工的,或者在验收后三十日内未将相关技术资料和文件移交特种设备使用单位的,责令限期改正;逾期未改正的,处一万元以上十万元以下罚款。

第七十九条　违反本法规定,特种设备的制造、安装、改造、重大修理以及锅炉清洗过程,未经监督检验的,责令限期改正;逾期未改正的,处五万元以上二十万元以下罚款;有违法所得的,没收违法所得;情节严重的,吊销生产许可证。

第八十条　违反本法规定,电梯制造单位有下列情形之一的,责令限期改正;逾期未改正的,处一万元以上十万元以下罚款:

(一)未按照安全技术规范的要求对电梯进行校验、调试的;

（二）对电梯的安全运行情况进行跟踪调查和了解时，发现存在严重事故隐患，未及时告知电梯使用单位并向负责特种设备安全监督管理的部门报告的。

第八十一条　违反本法规定，特种设备生产单位有下列行为之一的，责令限期改正；逾期未改正的，责令停止生产，处五万元以上五十万元以下罚款；情节严重的，吊销生产许可证：

（一）不再具备生产条件、生产许可证已经过期或者超出许可范围生产的；

（二）明知特种设备存在同一性缺陷，未立即停止生产并召回的。

违反本法规定，特种设备生产单位生产、销售、交付国家明令淘汰的特种设备的，责令停止生产、销售，没收违法生产、销售、交付的特种设备，处三万元以上三十万元以下罚款；有违法所得的，没收违法所得。

特种设备生产单位涂改、倒卖、出租、出借生产许可证的，责令停止生产，处五万元以上五十万元以下罚款；情节严重的，吊销生产许可证。

第八十二条　违反本法规定，特种设备经营单位有下列行为之一的，责令停止经营，没收违法经营的特种设备，处三万元以上三十万元以下罚款；有违法所得的，没收违法所得：

（一）销售、出租未取得许可生产，未经检验或者检验不合格的特种设备的；

（二）销售、出租国家明令淘汰、已经报废的特种设备，或者未按照安全技术规范的要求进行维护保养的特种设备的。

违反本法规定，特种设备销售单位未建立检查验收和销售记录制度，或者进口特种设备未履行提前告知义务的，责令改正，处一万元以上十万元以下罚款。

特种设备生产单位销售、交付未经检验或者检验不合格的特种设备的，依照本条第一款规定处罚；情节严重的，吊销生产许可证。

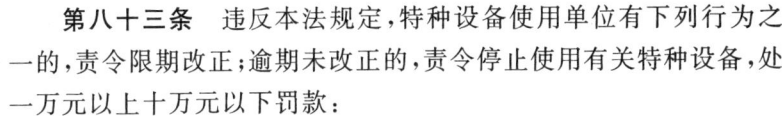

第八十三条 违反本法规定,特种设备使用单位有下列行为之一的,责令限期改正;逾期未改正的,责令停止使用有关特种设备,处一万元以上十万元以下罚款:

(一)使用特种设备未按照规定办理使用登记的;

(二)未建立特种设备安全技术档案或者安全技术档案不符合规定要求,或者未依法设置使用登记标志、定期检验标志的;

(三)未对其使用的特种设备进行经常性维护保养和定期自行检查,或者未对其使用的特种设备的安全附件、安全保护装置进行定期校验、检修,并作出记录的;

(四)未按照安全技术规范的要求及时申报并接受检验的;

(五)未按照安全技术规范的要求进行锅炉水(介)质处理的;

(六)未制定特种设备事故应急专项预案的。

第八十四条 违反本法规定,特种设备使用单位有下列行为之一的,责令停止使用有关特种设备,处三万元以上三十万元以下罚款:

(一)使用未取得许可生产,未经检验或者检验不合格的特种设备,或者国家明令淘汰、已经报废的特种设备的;

(二)特种设备出现故障或者发生异常情况,未对其进行全面检查、消除事故隐患,继续使用的;

(三)特种设备存在严重事故隐患,无改造、修理价值,或者达到安全技术规范规定的其他报废条件,未依法履行报废义务,并办理使用登记证书注销手续的。

第八十五条 违反本法规定,移动式压力容器、气瓶充装单位有下列行为之一的,责令改正,处二万元以上二十万元以下罚款;情节严重的,吊销充装许可证:

(一)未按照规定实施充装前后的检查、记录制度的;

(二)对不符合安全技术规范要求的移动式压力容器和气瓶进行充装的。

违反本法规定，未经许可，擅自从事移动式压力容器或者气瓶充装活动的，予以取缔，没收违法充装的气瓶，处十万元以上五十万元以下罚款；有违法所得的，没收违法所得。

第八十六条 违反本法规定，特种设备生产、经营、使用单位有下列情形之一的，责令限期改正；逾期未改正的，责令停止使用有关特种设备或者停产停业整顿，处一万元以上五万元以下罚款：

（一）未配备具有相应资格的特种设备安全管理人员、检测人员和作业人员的；

（二）使用未取得相应资格的人员从事特种设备安全管理、检测和作业的；

（三）未对特种设备安全管理人员、检测人员和作业人员进行安全教育和技能培训的。

第八十七条 违反本法规定，电梯、客运索道、大型游乐设施的运营使用单位有下列情形之一的，责令限期改正；逾期未改正的，责令停止使用有关特种设备或者停产停业整顿，处二万元以上十万元以下罚款：

（一）未设置特种设备安全管理机构或者配备专职的特种设备安全管理人员的；

（二）客运索道、大型游乐设施每日投入使用前，未进行试运行和例行安全检查，未对安全附件和安全保护装置进行检查确认的；

（三）未将电梯、客运索道、大型游乐设施的安全使用说明、安全注意事项和警示标志置于易于为乘客注意的显著位置的。

第八十八条 违反本法规定，未经许可，擅自从事电梯维护保养的，责令停止违法行为，处一万元以上十万元以下罚款；有违法所得的，没收违法所得。

电梯的维护保养单位未按照本法规定以及安全技术规范的要求，进行电梯维护保养的，依照前款规定处罚。

第八十九条 发生特种设备事故，有下列情形之一的，对单位处五万元以上二十万元以下罚款；对主要负责人处一万元以上五万元以下罚款；主要负责人属于国家工作人员的，并依法给予处分：

（一）发生特种设备事故时，不立即组织抢救或者在事故调查处理期间擅离职守或者逃匿的；

（二）对特种设备事故迟报、谎报或者瞒报的。

第九十条　发生事故，对负有责任的单位除要求其依法承担相应的赔偿等责任外，依照下列规定处以罚款：

（一）发生一般事故，处十万元以上二十万元以下罚款；

（二）发生较大事故，处二十万元以上五十万元以下罚款；

（三）发生重大事故，处五十万元以上二百万元以下罚款。

第九十一条　对事故发生负有责任的单位的主要负责人未依法履行职责或者负有领导责任的，依照下列规定处以罚款；属于国家工作人员的，并依法给予处分：

（一）发生一般事故，处上一年年收入百分之三十的罚款；

（二）发生较大事故，处上一年年收入百分之四十的罚款；

（三）发生重大事故，处上一年年收入百分之六十的罚款。

第九十二条　违反本法规定，特种设备安全管理人员、检测人员和作业人员不履行岗位职责，违反操作规程和有关安全规章制度，造成事故的，吊销相关人员的资格。

第九十三条　违反本法规定，特种设备检验、检测机构及其检验、检测人员有下列行为之一的，责令改正，对机构处五万元以上二十万元以下罚款，对直接负责的主管人员和其他直接责任人员处五千元以上五万元以下罚款；情节严重的，吊销机构资质和有关人员的资格：

（一）未经核准或者超出核准范围、使用未取得相应资格的人员从事检验、检测的；

（二）未按照安全技术规范的要求进行检验、检测的；

（三）出具虚假的检验、检测结果和鉴定结论或者检验、检测结果和鉴定结论严重失实的；

（四）发现特种设备存在严重事故隐患，未及时告知相关单位，并立即向负责特种设备安全监督管理的部门报告的；

（五）泄露检验、检测过程中知悉的商业秘密的；

（六）从事有关特种设备的生产、经营活动的；

（七）推荐或者监制、监销特种设备的；

（八）利用检验工作故意刁难相关单位的。

违反本法规定，特种设备检验、检测机构的检验、检测人员同时在两个以上检验、检测机构中执业的，处五千元以上五万元以下罚款；情节严重的，吊销其资格。

第九十四条 违反本法规定，负责特种设备安全监督管理的部门及其工作人员有下列行为之一的，由上级机关责令改正；对直接负责的主管人员和其他直接责任人员，依法给予处分：

（一）未依照法律、行政法规规定的条件、程序实施许可的；

（二）发现未经许可擅自从事特种设备的生产、使用或者检验、检测活动不予取缔或者不依法予以处理的；

（三）发现特种设备生产单位不再具备本法规定的条件而不吊销其许可证，或者发现特种设备生产、经营、使用违法行为不予查处的；

（四）发现特种设备检验、检测机构不再具备本法规定的条件而不撤销其核准，或者对其出具虚假的检验、检测结果和鉴定结论或者检验、检测结果和鉴定结论严重失实的行为不予查处的；

（五）发现违反本法规定和安全技术规范要求的行为或者特种设备存在事故隐患，不立即处理的；

（六）发现重大违法行为或者特种设备存在严重事故隐患，未及时向上级负责特种设备安全监督管理的部门报告，或者接到报告的负责特种设备安全监督管理的部门不立即处理的；

（七）要求已经依照本法规定在其他地方取得许可的特种设备生产单位重复取得许可，或者要求对已经依照本法规定在其他地方检验合格的特种设备重复进行检验的；

(八)推荐或者监制、监销特种设备的；

(九)泄露履行职责过程中知悉的商业秘密的；

(十)接到特种设备事故报告未立即向本级人民政府报告，并按照规定上报的；

(十一)迟报、漏报、谎报或者瞒报事故的；

(十二)妨碍事故救援或者事故调查处理的；

(十三)其他滥用职权、玩忽职守、徇私舞弊的行为。

第九十五条　违反本法规定，特种设备生产、经营、使用单位或者检验、检测机构拒不接受负责特种设备安全监督管理的部门依法实施的监督检查的，责令限期改正；逾期未改正的，责令停产停业整顿，处二万元以上二十万元以下罚款。

特种设备生产、经营、使用单位擅自动用、调换、转移、损毁被查封、扣押的特种设备或者其主要部件的，责令改正，处五万元以上二十万元以下罚款；情节严重的，吊销生产许可证，注销特种设备使用登记证书。

第九十六条　违反本法规定，被依法吊销许可证的，自吊销许可证之日起三年内，负责特种设备安全监督管理的部门不予受理其新的许可申请。

第九十七条　违反本法规定，造成人身、财产损害的，依法承担民事责任。

违反本法规定，应当承担民事赔偿责任和缴纳罚款、罚金，其财产不足以同时支付时，先承担民事赔偿责任。

第九十八条　违反本法规定，构成违反治安管理行为的，依法给予治安管理处罚；构成犯罪的，依法追究刑事责任。

第七章　附　则

第九十九条　特种设备行政许可、检验的收费，依照法律、行政法规的规定执行。

第一百条　军事装备、核设施、航空航天器使用的特种设备安全的监督管理不适用本法。

铁路机车、海上设施和船舶、矿山井下使用的特种设备以及民用机场专用设备安全的监督管理，房屋建筑工地、市政工程工地用起重机械和场（厂）内专用机动车辆的安装、使用的监督管理，由有关部门依照本法和其他有关法律的规定实施。

第一百零一条　本法自 2014 年 1 月 1 日起施行。

管理人员安全培训通用教材(附题库)/38.00

生产经营单位安全管理培训教材/24.00

生产经营单位安全管理培训教材(复训)2014版/24.00

生产经营单位主要负责人安全培训教材(第二版)/20.00

生产经营单位安全管理人员安全培训教材(第二版)/25.00

生产经营单位从业人员三级安全教育培训教材(第二版)/16.00

中小企业安全生产管理指南/22.00

农村和外来务工人员安全生产教育读本/14.00

农村和外来务工人员安全生产教育读本(最新版)/16.00

职业卫生管理培训教材/30.00

职业卫生管理培训教材(复训)2014版/30.00

班组长安全生产培训教材/25.00

新员工安全生产培训教材/18.00

商贸企业安全生产培训教材/18.00

有限空间作业安全生产培训教材/15.00

受限空间作业事故防范与应急救援/15.00

烟花爆竹经营安全知识读本(修订版)/18.00

烟花爆竹生产经营企业安全培训教材/16.00

加油加气站从业人员安全生产培训教材/10.00

2.2 生产经营单位全员安全培训系列教材

机械制造与加工业安全知识读本/18.00

冶金企业安全知识读本/15.00

交通运输与物流仓储安全知识读本/25.00

服务业(含宾馆、饭店、娱乐场所)安全知识读本/20.00

消防安全知识读本/28.00

3. 危险化学品培训教材

危险化学品企业落实安全生产主体责任大全(通用卷)(配光盘)/198.00

危险化学品企业落实安全生产主体责任大全(河南卷)/60.00

危险化学品经营单位主要负责人和安全管理人员安全培训通用教材(附题库)/48.00

危险化学品生产单位主要负责人和安全生产管理人员安全培训教

材/38.00

危险化学品经营单位主要负责人和安全生产管理人员安全培训教材/36.00

危险化学品安全生产基础知识/14.50

4. 安全生产标准化培训教材

工贸企业安全生产标准化实施指南/28.00

安全生产标准化文件范例/48.00

企业安全生产标准化法规文件汇编（工贸行业）/25.00

企业安全生产标准化评定标准汇编（冶金）/38.00

企业安全生产标准化评定标准汇编（有色金属）/30.00

企业安全生产标准化评定标准汇编（建材）/25.00

企业安全生产标准化评定标准汇编（纺织、轻工、食品）/45.00

企业安全生产标准化评定标准汇编（商贸）/15.00

烟草企业安全生产标准化建设指南/48.00

5. 应急管理（含公共安全）

安全生产应急管理人员培训教材/45.00

公共安全应急管理指南/28.00

学校突发事件应急管理/15.00

中小学突发事件应急管理与预案编制/25.00

人员密集场所安全管理培训教材/15.00

企业事故应急救援与预案编制技术/42.00

监狱突发事件应急管理实务/20.00

城市安全社区建设与管理实务/38.00

应急志愿者培训手册/20.00

6. 安全工程师考试

6.1 注册安全工程师考试辅导

2014注安执业资格考试历年真题汇编与解析（2014最新版）/99.00

2014注安考试历年真题详解（2014最新版）/80.00

2013注安执业资格考试历年试题与模拟题汇编/66.00

2013年注安执业资格考试辅导书（全真模拟试卷）（4册）/60.00

2013年注安执业资格考试辅导红宝书（4册）/120.00

2013年注安执业资格考试辅导蓝宝书（4册）/170.00

6.2 注册安全工程师继续教育

注安继续教育培训教材——通用部分/35.00

注安继续教育培训教材——危险物品类/35.00

注安继续教育培训教材——建筑施工类/25.00

注安继续教育培训教材——非煤矿山类/25.00

注安继续教育培训教材——煤矿类/20.00

注安继续教育培训教材——其他类/30.00

7. 矿山系列安全培训教材

非煤矿山企业员工三级安全教育培训教材(新修订)/15.00

金属非金属地下矿山安全标准化实施指南/36.00

金属非金属矿山从业人员安全培训教材(新修订)/25.00

金属非金属矿山主要负责人和安全生产管理人员安全培训通用教材/40.00

矿山爆破与安全技术/65.00

矿山企业安全生产管理人员安全培训教材/29.00

矿山企业主要负责人安全培训教材/26.00

煤矿从业人员安全培训教材/15.00

小型露天采石场开采安全技术/10.00

8. 矿山特种作业人员安全技术培训考核统编教材

安全检查工/16.00

爆破工/13.00

尾矿工/12.00

带式输送机操作工/11.50

绞车操作工/13.00

矿井泵工/10.00

矿井通风工/10.00

矿用汽车驾驶员/16.50

矿用机车司机/12.00

铲运机司机/12.00

信号工·拥罐工/10.00

凿岩工/10.00

主提升机操作工/15.00

挖掘机操作技术/12.00

装载机操作技术/13.00

9. 法律、法规、普法教育

《安全生产"十二五"规划》辅导读本/38.00

最新安全生产法律责任普教读本/22.00

《生产安全事故报告和调查处理条例》解读/12.00

安全生产责任追究/25.00

10. 综合（管理、技术、理论专著、安全监管等）

安全生产监察员培训教材/48.00

安全生产监察员复训教材（新法规·新标准·新技术·新案例）/15.00

安全生产检查实务/25.00

建筑施工安全技术与管理/35.00

企业安全文化建设方法与实例/30.00

职业女性安全与健康/19.00